重大决策
简单做

ENTSCHEIDEN
IST EINFACH

WENN MAN WEIß,
WIE ES GEHT

[德] 菲利普·迈斯纳 – 著
（PHILIP MEISSNER）

谢宁 – 译

中国科学技术出版社
·北 京·

Entscheiden ist einfach: Wenn man weiß, wie es geht by Philip Meissner,
ISBN: 978-3-593-51061-3
Copyright © 2019 Campus Verlag GmbH Frankfurt am Main.
Simplified Chinese translation copyright © 2024 China Science and Technology Press Co., Ltd.
All rights reserved.
北京市版权局著作权合同登记　图字：01-2023-3215。

图书在版编目（CIP）数据

重大决策简单做 /（德）菲利普·迈斯纳
（Philip Meissner）著；谢宁译 . — 北京：中国科学
技术出版社，2024.8
　ISBN 978-7-5236-0535-6

　Ⅰ . ①重… Ⅱ . ①菲… ②谢… Ⅲ . ①决策学 Ⅳ .
① C934

中国国家版本馆 CIP 数据核字（2024）第 042149 号

策划编辑	何英娇	责任编辑	何英娇
封面设计	东合社	版式设计	蚂蚁设计
责任校对	张晓莉	责任印制	李晓霖

出　版	中国科学技术出版社
发　行	中国科学技术出版社有限公司
地　址	北京市海淀区中关村南大街 16 号
邮　编	100081
发行电话	010-62173865
传　真	010-62173081
网　址	http://www.cspbooks.com.cn

开　本	880mm×1230mm　1/32
字　数	76 千字
印　张	5.25
版　次	2024 年 8 月第 1 版
印　次	2024 年 8 月第 1 次印刷
印　刷	北京盛通印刷股份有限公司
书　号	ISBN 978-7-5236-0535-6 / C·254
定　价	69.00 元

（凡购买本社图书，如有缺页、倒页、脱页者，本社销售中心负责调换）

目录

第一章

什么是好的决策？

"一个新的想法会使我们的思想得到成长。有了这个新想法，我们的思想将永远不会再回到原来的维度。"

——奥利弗·温德尔·霍姆斯

（Oliver Wendell Holmes）

医生、作家

"我是否应该重新回校园深造呢？毕竟我现在有一份钟爱的工作啊。"我曾经就此纠结过。现在回想起来，回到校园读工商管理硕士（MBA）肯定是我人生当中最好的决策之一。我不仅在学业上收获颇丰，而且还结识了许多人生挚友。另外，如果我当时不去读 MBA，那么我永远也不可能成为一名大学教授，现在可能还在银行界奔波劳累。读者朋友们，你曾经做过最好的决策是什么呢？做完决策后你的感觉如何？肯定感觉非常轻松和快乐吧！

那么做决策前的几周你有何感受？可能像大多数人一样感觉不太好。人们往往彻夜难眠、压力重重，脑子里整天只盘算着如何决策。重要的决策折磨着我们，我们并不愿意做决策。这些决策似乎是无法完成的任务。

初创公司的创业者们每天都要做许多困难的决策。他们要对所有的工作负责，如公司战略、市场营销和人事决策等。企业在商业实践中面临各种各样的决策。本书将跟踪一名初创公司的创业者保罗，看看他是怎么做出重要决策的。

　　保罗希望自己的企业一路顺风顺水，持续增长。可是他面临一个关乎企业未来的决策：自从保罗推行企业国际化以来，他的波兰分公司就没让他睡过一个好觉：仅去年一年该分公司就亏损了 5 万欧元。

　　保罗的初创公司是在 5 年前成立的，现在已经在竞争激烈的运动鞋市场站稳了脚跟。他们公司的运动鞋品牌受到许多健身爱好者的青睐。公司在德国的业务已经非常成功。保罗也想在其他欧洲国家复制这一成功。两年前，他冒险进入波兰市场。波兰约有 4000 万人口，是一个快速增长的市场，但进入波兰市场的难度比他预期的要大。迄今为止，保罗的公司在波兰连年亏损。他感到了来自投资者不断施加的压力。每天早上一起床，他就必须考虑一个问题："我们应该退出波兰市场还是继续干下去？"他已经为这个决定苦恼了几个星期了，然而到目前为止他还没有找到理想的答案。

不仅是保罗一个人感到做决策是一件棘手的事。我们大家都希望做出好的决策，无论是在私人生活中还是职业生涯中。好消息是，对于大部分决策我们不用过多考虑。我们每天都会做出大约 20000 个决策。例如"我们早餐吃什么""喝茶还是喝咖啡""我们走哪条路线去上班"等。做这些决策对我们来说并不困难，而且我们几乎下意识地就可以得到答案，无须过多考虑。

但是生活中也有一些更加重要且很难做出的决策。我们必须为此深思熟虑，因为这些决策将深深影响我们的生活。我们害怕犯错，害怕错误的决策会造成严重的后果，害怕我们被自己的决策束缚住手脚。

不要以为只有你一个人是这样。我们所有人在面对重大决策时都会犹豫不决。我们往往不知道应该如何做决策或者如何权衡利弊。面对任何一个艰难的决策，我们往往感到束手无策，例如：是否要接受一份新工作？要为养老攒多少钱？是否应该为了下一次升职而携家人前往新加坡工作？这些决策都非常难做，没有一个凭直觉就能得到的正确答案，人们需要权衡很多。

你此刻正面临哪些重要的决策？或者你刚刚做过哪些重大的决策？我们的生活当中充满了许多重要的和影响深远的问题。

无论在个人生活还是职场中，这些问题都具有两个共同点：一方面，我们决心做出正确的决策；另一方面，我们惊讶地发现，我们并不擅长将这一决心付诸实践。

正确决策的方法可以习得

根据德国求职网站"蒙斯特"（Monster）的问卷调查，只有7%的受访者认为自己的职业选择是正确的；49%的受访者认为，假如他们还有选择的机会，一定会重新选择职业。同样，我们在选择自己的配偶时也有类似的不满。德国的离婚率近几年虽然略微下降，但毕竟还保持在40%。

企业的情况也好不到哪儿去。在招聘员工填补岗位空缺时，很多企业都很难做出正确的决策。这一规律甚至适用于那些猎头参与招聘的高管岗位。一项针对猎头的调查显示，约 40% 的经理人在受雇 18 个月内自行离职或被解雇。

这一问题不仅存在于人事决策中。麦肯锡咨询公司（McKinsey & Company）最近针对 2207 名企业高管做了一次问卷调查。结果显示，只有 28% 的经理人对于企业的战略决策表示满意；60% 的受访者认为，决策成功和失败概率各占 50%；剩下 12% 的受访者认为，他们的企业从未做出过好的决策。这听起来很让人沮丧吧？然而事实的确如此。

既然重要的决策对我们意义重大，而且我们为此还投入了大量的时间，那么为什么做出一个成功的决策就那么难？我们在媒体上经常看到一些成功的经理人，他们非常善于做决策。但有时也会看到一些截然相反的管理者，他们不善决策，优柔寡断，临渴掘井。这给我们造成一种印象，即善做决策是管理者的性格所致，是与生俱来的，人们要么有，要么没有。

但事实恰恰相反。

我们首先应该了解，我们在做重要的决策时为什么会屡屡犯错。

思维错误是决策的绊脚石

我们在做决策的时候，会受到一系列心理因素的影响。这些心理因素扭曲了我们的认知，并系统性地影响了我们的决策。诺贝尔奖得主丹尼尔·卡尼曼（Daniel Kahneman）在其全球畅销书《思考，快与慢》（*Thinking Fast and Slow*）中分析了这些心理因素。他认为，我们的思考过程受到两个不同系统的影响。一个系统快速且无意识，它促使我们做出情绪化的和一成不变的决策；另一个系统速度慢且有意识，能帮助我们做出理性的决策。然而，这种有意识的系统很少呈活跃状态。在做重要决策的时候，这可能会导致我们被扭曲的思维方式所影响，从而做出糟糕的决策。

博彩就是个很好的例子。我们认真想一下就会知道，赢得彩票大奖几乎是不可能的事。但德国仍有大约 3000 万人定期或偶尔购买彩票。美国人在赌场里的博彩金额每年达 480 亿美元，这相当于其电影票房收入的 5 倍。70% 的博彩金额都来自老虎机。美国的老虎机数量大约是自动取款机的一倍。在德国，老虎机的数量也在逐年递增。

人们在赌博的时候经常受到自己情绪的支配，赢的希望给他们带来一种快感。当购买彩票的人把彩票递交给彩票站的时候，他们中很多人都已经盘算好将来用奖金干什么。但是他们从来没有想过赢得奖金的可能性。此时起作用的是我们头脑中那个快速且情绪化的思维系统，因此我们做出了错误的决策。

此外，由于我们害怕犯错，我们不愿做决策或者能推就推。我们非常排斥面临的问题。但问题不会因此而消失。最终，我们不得不在重重压力之下被迫仓促做出决策。

我们的思维错误、情感因素以及不愿意面对决策的心态是影响我们做出正确决策的主要问题。我们完全可以避免这些问题的产生。

究竟什么是好的决策?

这是一个困扰许多人的问题。通常情况下，我们按照结果来判断决策的优劣。如果我已经决定换工作，那么我会在两年后问问自己："我在新公司快乐吗？收入满足了我的预期吗？我的工作是否具有挑战性？我和同事相处得好吗？"如果答案是否定的，那我们可以得出结论：我们当时的决策是失败的。

但是事后做这样的判断并不公平。因为我们无法在做决策的那一刻预见所有决策带来的后果。未来无法预期，它受到多种我们无法控制的因素的影响。如果仅从几个身边偶尔出现的好现象就判断我们的决策是正确的，那么我们实际很难每次都做出正确的决策。

相反，我们应该在做决策的时刻就判断决策的质量。由于我们无法预测未来，因此，我们在做决策的时候，应当充分利用我们现有的信息。我们只能判断决策的过程。因为判断决策过程是我们当下就可以做到的，但是我们无法评估决策在未来产生的效果。为了判断决策的质量，我们可以运用下面这条规则：决策的质量应该在做决策时判断，而不是事后。

为了决策成功，我们必须遵循好的决策程序。在企业决策中，这一点已经得到充分研究，结果明确无误。完善的决策程序可以把企业效率提高30%。类似的研究甚至表明，决策程序比决策分析和决策内容更重要。

前些年许多科学家一直在研究，什么才是好的决策程序？哪些方法可以帮助人们做出正确的决策？我本人也一直在思考上述问题，并且开发了一套方法帮助人们打开自己的思路，使思维条理化。我们必须允许自己接受别人的不同意见，并把这些不同意见纳入决策程序。此外，我们还必须借助特定的方法减少对错误决策的恐惧感，使我们的决策及其结果走向正轨。

本书总结了上面提及的这些方法，并将指导你如何将这些方法快速简单地运用到自己的决策过程中。所有这些方法都经过科学验证，并可以直接使用。这些方法简单有效，其中一些方法稍作改动就可以运用到重要的决策中。

具体而言，决策程序包括 7 个步骤。在每个步骤中，我将介绍一种优化决策的方法。按照步骤进行决策效果最好。但是你也可以单独运用其中某些方法，以便在特定的决策程序中掌控自己的思维过程，并使之条理清晰。

在这些步骤之外，还有一个非常有效的方法：正念。正念不应仅仅出现在决策过程中，而应该贯穿于你的日常生活。正念在西方经常被视为一种精神疗法。从本质上而言，正念是一种对大脑的训练，它能够对决策行为产生积极影响，这一点已经通过大量科学研究得到了证实。

由于正念能带来许多积极的效果，因此你在决策时会拥有一种"超能力"，因为带有正念的行动明显能够消除思维错误带来的负面影响，并帮助人们控制自己的情绪。

第二章

坏决策背后的心理学

"我们不应忘记，我们的情绪正在左右着我们的生活，我们在不知不觉中被它牵引。"

——文森特·凡·高（Vincent van Gogh）

我们当时为何要进军波兰市场呢？这个决策在当时是好是坏？我为什么不决定早点退出呢？这些问题始终困扰着保罗。在前不久的一次聚会上，保罗从朋友那里听说了"思维错误"这个概念以及情绪如何左右我们的决策。我们是否因为这些原因而很难做出决策？问题的症结是否在于我们的思维方式？

　　事实上，决策失败的最主要原因来自我们无意识的思维过程。如果你问一下大学生们，他们是否在毕业考试中得到了高分，班上会有 75% 的学生承认自己得到这样的分数，而事实上得到这个分数的只有 50% 的学生。

我们做得更好吗？

　　我们在和别人比较时总是倾向于高估自己的能力，这几乎涵盖了各个方面。例如，你是不是觉得自己的开车水平超过一般人，自己还是一个特别好的丈夫或妻子？在这些问题上，并不只是你有这样的想法。如果你分别询问一个丈夫和他的妻子做家务的比例，然后把他们夫妻二人的答案加在一起，你得到的数字会超过100%。我们总是高估自己的贡献。由于我们总是高估自己，因此夫妻间的争吵实际上是无法避免的。

　　这一现象也反映在开车上。一项调查显示，74%的德国司机认为自己的驾驶技术处于中上水平。这种高估自我的行为会导致我们面临巨大的风险，并做出错误的决策。这一现象不仅仅存在于路面交通上。

　　高估自我的心态也会导致很多人没有为今后养老积蓄足够的养老金，或者在一些重大的企业决策上判断失误。即使为婚礼做预算时，我们也应该把钱准备得充足一些。预算过低会带来很大的风险。我们常常对自己的未来过于乐观，因此很可能没有准备足够的预算。这样的决策可能会在未来使我们后悔不已。

我们在做一些重要决策的时候，常常受到这种思维错误的影响。在我们想办法应对这些错误之前，我们必须先了解和熟悉这些错误。因此本章我想先分析一下这些错误。

让我们从一个小练习（见表2-1）开始吧。

从这个小练习中，你将看到9个问题，每个问题有3个答案选项。你在回答问题的时候，需要对不同题目做出判断。请你在"我的答案"选项内填入你认为正确的数字。

请你在答案的左右两边确定一个范围值，一个值要小于你的答案，另一个值则要大于你的答案。选择这两个答案的原则是，你一定要有90%的把握确信正确答案介于这两个值之间。

表2-1 知识测试

问题	最低值	我的答案	最高值
①旧金山和罗马的空中飞行距离是多少？			
②金鱼的记忆力能持续多少秒？			
③约翰·丹纳（Johann Denner）在哪一年发明了单簧管？			
④芬兰有500万人口。该国有多少桑拿浴室？			
⑤建造巴黎凯旋门花费了多少时间？			
⑥法国在2005年出口了多少升波尔多葡萄酒？			
⑦海地和古巴相距多少千米？			
⑧2006年，美国人用现金购买汽车的比例是多少？			
⑨最早的现代人化石之一来自"北京人"。据科学家估计，"北京人"距今有多少年？			

参考答案：
①10000千米；②8秒；③1700；④170万；⑤30年；⑥172百万升；⑦100千米；⑧8%；⑨770000年。

做这个练习只有3个规则。第一个可能最难：你不能在网上搜索答案。这个练习的目的不是写出正确答案，而是看你如何做出判断。第二个规则是，不要向任何人寻求帮助，也不要和任何人讨论答案。你的个人判断最重要。第三个规则是，你只有 10 分钟回答所有问题。

下一步请你检查一下每个问题的正确答案是否位于你所选择的区间，也就是你选择的最低值和最高值之间。然后数一下，你选择的答案有多少个位于这个区间。

别害怕，如果你和大部分人一样，那么你的正确答案的数量一定不太理想。我曾经和很多大学生或者企业高管做过这个练习，结果始终一样。从来没人把问题全答对。

有个别人幸运地回答正确了 7 到 8 个问题。但这毕竟是少数。大部分人只能正确回答出 4 至 5 个问题。很多人甚至只答对了 3 个或者全部答错。一开始我就要求你选择你有 90% 把握的区间，以确保正确答案位于这个区间之内。按照这个要求，你本应答对 8 道题。

为什么只有极少人能够答对 8 道题？原因在于我们

的心理。我们一直高估自己，特别是高估自己的预判能力。因为所有这些问题都有一个共同点：我们几乎不知道正确答案可能是什么。

如果我们恰好不是学生物学的，那我们根本不可能知道金鱼的记忆力能持续多久。我们不知道答案，因此无法回答这一问题。然而我们却不愿意承认这个事实。

相反，我们一直在做这样的分析：我们也许不知道罗马到旧金山的距离，但是我们曾经坐飞机从慕尼黑去华盛顿。当时好像飞了8000千米，对吗？那么罗马和旧金山的距离可能再增加一倍。

我们思考到这一步都没有问题，可是接下来将发生一个严重的错误。我们对于自己的分析十分满意，以至于我们认为这就是正确答案。毕竟我们绞尽脑汁思考了这么长时间，毕竟我们都是聪明人，我们的答案一定是对的。

接下来我们没有选择一个比较宽泛的区间，以确保答案能够位于这个区间之内。相反，我们选择了一个比较小的区间。这样，我们就失去了许多让正确答案都能位于最低值和最高值的区间之内的机会。

我们对自己太过自信，却低估了判断失误的风险。我们对自己估计过高，却对自己预判的不确定性估计过低。这样的错误我们经常犯。

这导致我们在决策时面临巨大的风险，并且忽视了一些重要的分析步骤。我们没有征求他人的意见，我们是在一种虚幻的把握性中进行选择。高估自我的心态导致我们对自己的预判能力感觉良好。

高估自我是决策失误的重要原因之一，但不是唯一的原因。类似的思维错误比比皆是。这些错误都有一个共同点：它们系统性地干扰我们的决策，然而我们对此却一无所知。我们根本觉察不到自己的心理和思维方式干扰了决策。

宜家效应

另一个重要的思维错误来自一家著名的瑞典家具品牌，就是所谓的"宜家效应"。

几乎每个人都有过在宜家（IKEA）购物的经历。即使你是宜家的老顾客，你也一定会在安装家具时或多或少有过一些有趣的经历。之所以有趣，部分原因是买回来的家具是一些散装零件，顾客需要自己动手安装。这对许多人而言是一个巨大的挑战，而且这个过程通常比我们想象的要难。但恰恰因为这一点，我们在最后组装完家具后都有一种成就感：我们终于完成一个大的（也可能是小的）任务。

我们对于结果深感自豪，因为这毕竟是我们自己组装的家具，而且还成功了。宜家效应是一种趋势，其重点在于和其他类似商品相比，我们更看重自己制作或者组装的商品。顾客甚至愿意为这类产品多付钱。其原因在于，我们把动手组装家具视为自己能力的标志，因此赋予其很高的价值。

哈佛大学迈克尔·诺顿教授（Michael Norton）团队的科研人员组织了一项调查，他们邀请一些测试者自己组装宜家家居、折纸和拼搭乐高积木。所有测试者都是新手，对上面这三个领域既无经验，也无天赋。尽管如此，测试结束时所有人都认为自己的作品和专家的一样出色。同样的现象也出现在我们的饮食行为当中。如果我们自己做饭，那么我们会认为自己所做的饭菜会比餐厅里同样的饭菜更加可口。自己做饭是一件美妙的事，自己动手装修房屋也能带来很多乐趣。即使如此，宜家效应也会让我们忽视其他解决方案的可能性和效果，并造成我们决策的失误。

很遗憾，坏消息还不止这些。因为思维错误除了影响我们的自我认知外，还会影响我们评估周遭环境的方式。

环境认知错误

酸奶在超市货架上的位置能影响我们的购买意愿。如果酸奶摆放在目视高度，我们购买的概率就会大大增加。因此最便宜的商品通常位于货架最底层，因为我们不会凭直觉选择它们。我们通常会购买那些立刻能看见的商品，也就是那些位于目视高度的商品。每一次做决策的时候，我们都会自动评估周边的环境。

在做一些大型决策的时候，分析决策的环境也很重要。更重要的是我们感知周边环境的方法，因为我们从感知环境中获得的信息会直接参与决策过程。

我们的感知常常欺骗我们。其中评估错误扮演了非常重要的角色。哈佛大学心理学教授丹·吉尔伯特（Dan Gilbert）在他的演讲中曾经举过一个生动的例子。请看下面4个词语：

- 空难

- 恐怖主义

- 溺亡

- 哮喘

其中，你认为最大的危险是什么？

大部分人会在这几个概念中选择"空难"和"恐怖主义"。可事实上，溺亡和哮喘才是我们人类面临的更大的风险。在德国，每两小时就有一名哮喘患者死亡，这相当于在德国每年有4380人死于哮喘。与此相比，2017年德国有404人溺亡。2015年，全球136人因空难死亡。

2016 年，德国在恐怖袭击中死亡 21 人，2017 年为 1 人。现实情况和我们的认知存在巨大差距。

我们对于风险的评估不都是基于客观数字，而往往是基于主观认知。在这一点上，媒体起到了推波助澜的作用。因为我们经常在媒体上看到和听到很多人因恐怖袭击和空难而遇难。这些小概率事件被大肆报道。但是媒体通常情况下不会报道那些因哮喘和溺水而死亡的人。因为这些事在媒体眼里"太过普通"了。这一点同样适用于我们对危险动物的认知。大部分人都害怕受到鲨鱼攻击。2016 年全球因鲨鱼攻击而致人死亡的事件仅有 8 起。世界上最危险的动物其实是蚊子。由于蚊子能传播诸如疟疾等多种疾病，因此全球每年因蚊子叮咬而致人死亡的事件可达 40 万起。

我们总是习惯于撇开客观数据去做决策，认为我们经常看到或者能够引发我们强烈情感联想的事情发生的概率更大。很多人害怕鲨鱼，是因为他们还能回忆起电影《大白鲨》（*Jaws*）里的情节或者关于鲨鱼攻击的最新新闻。相反，人们很少听到关于蚊子的报道。

在做重要决策的时候，评估错误导致我们不是以客观事实为基础做决策，而是基于那些我们经常看到并自认为正确的事。因此，我们总是把注意力集中在错误的事情上，过分看重小概率事件。我们没有关注真正的危险或者成功的机会，而是一错再错。

光环效应

除了环境认知错误外，思维错误也会影响我们对身边人群的认知，并导致我们做出错误判断。我们在各种项目中都要与人合作，因此正确判断合作伙伴以及同事非常重要。

此时经常会出现所谓的"光环效应"。这种效应会导致我们被他人性格中的某些特点误导，认为他们具有某种积极或消极的品质。如果我们认为他人具有某种好的品质，这就意味着他们从我们的认知中得到了某种光环。

光环效应经常出现在日常生活中，例如我们通常对那些相貌出众的人抱有好感。我们会认为他们友好、和善、成功，甚至特别聪明。英国圣安德鲁斯大学的肖恩·塔拉马斯（Sean Talamas）针对这种效应做了长时间的研究。他和研究团队成员观察了一些大学生及其学习成绩（主要是几个学期的考试分数）。研究团队同时向其他同学展示了这些学生的照片，并请求他们对这些照片进行评判。这些同学必须按照智力和平均成绩划分照片上的学生。测试结果非常明显：照片上长得漂亮的学生通常被认为聪明机智、成绩优秀。研究人员把这一结果和学生的真实成绩做了一番比较，发现两者之间其实毫无关系。那些帅哥靓女的平均成绩和智商被普遍高估了。

　　光环效应不仅涉及一个人的容貌，还涉及他给别人留下的印象。在密歇根大学的一项研究中，实验参与者必须评估一个他们之前从未见过的人。同样，这也是关于一般特征的评价，例如此人是否可靠或他的行为举止是否得体等。可是，参加实验的人并不知道他们正在评估的人是一名演员。这名演员在两组不同人群中有不一样的行为举止。

　　在其中一组中，这名演员表现得热情友好，而在另一组中却显得冷漠无情。这对于实验参与者的评估产生了直接影响。同一个人由于他不同的外在表现而得到了不同评价。你一定猜到了，这名演员在自己表现友好的那一组里获得了更积极的评价。

在我们的商业生活中，光环效应可能导致我们根据员工的外表对其进行评价，从而更快地雇用或提拔那些外表出众的人。我们不再花费精力去评估这个人的其他品质，尽管这样做并不难。这一点同样体现在我们的私人生活当中，例如决定是否与某人交朋友时。在这些情况下，我们也经常在第一时间从他人的外表推断其品质。

光环效应会导致我们做出过于积极或者过于消极的肤浅决定。一旦我们做出这种评价，就很难改变它，这是一个必须严肃对待的问题。我们对他人的第一印象一旦形成，思维错误便会长久地影响着我们对他人的判断。

我们的决策行为不仅受到思维错误的影响。许多人喜欢根据他们的直觉进行决策。在许多情况下，直觉判断非常有效，而在另外一些情况下则适得其反。

被情绪左右

情绪影响着我们所有的决策。我们无时无刻不感受到情绪的存在：也许是因为见到许久未曾谋面的好朋友而高兴，也许是为要做的演讲而紧张，或者因为一个蛮不讲理的司机而生气。

情绪在我们做重大决策时也发挥着至关重要的作用。然而并不是所有的情绪都同样重要。赛普·卡姆瓦尔（Sep Kamvar）和乔纳森·哈里斯（Jonathan Harris）是两名程序员，他们二人试图解答一个问题，即哪些情绪更重要？为此，他们分析了4年以来网络上众多博客的内容，并计算了这些博客文章中提到各种情绪的次数。他们从超过1200万个表达情绪的词语中得出一个全球情绪图。

该项调查给我们带来的一个好消息是，无论在世界上哪个国家，诸如"快乐"这样的积极情绪总是比诸如"负罪感"这样的负面情绪更重要。市场调研机构盖洛普咨询公司（Gallup）也曾经得出类似的结论。该机构每年发布的情绪调查报告显示，人类的积极情绪总是多于消极情绪。

但无论我们认为情绪是积极的还是消极的，每种情绪都会对我们的决策行为产生重大影响。许多人相信他们的情绪，并将其作为一种决策的指标。然而，目前的心理学研究表明，愤怒、快乐或恐惧会在很大程度上影响我们的思维过程，而且这些影响不一定都是积极的影响。

我们都曾在谈判过程中遇到过谈判对象发火的情况。例如和自己的配偶讨论谁该去接孩子，或者是与领导谈加薪问题。谈判是一个重要的决策过程，因为此时所有重要的问题必须在短时间内做出决定。

阿姆斯特丹大学心理学家葛本·范克里夫（Gerben van Kleef）分析了情绪在谈判中的重要作用。在一项实验中，他们让参与者面对开心或愤怒的谈判对象。研究人员发现，与面对开心的谈判对象相比，参与者在面对愤怒的谈判对象时更愿意做出让步。因此，愤怒的情绪是有价值的，因为它给愤怒的谈判者带来了更好的结果。

这种现象的原因在于，谈判对象的愤怒会引发我们的恐惧感。我们把这种愤怒理解为一种信号，即某一个谈判内容对谈判对象至关重要，否则他不应该这么愤怒。另一方面，我们担心谈判破裂。因此，我们在这种情境下愿意做出让步。例如，我们和公司谈判结束后，可能会接受明显低于心理预期的工资。

你自己有多公正？

严格来讲，世界上没有不受情绪左右的决策。因为情绪是人类心理的基本组成部分。特别是我们内心的正义感，它会严重影响我们的决策过程。如果我们觉得自己受到不公正对待，那么我们的情绪就会控制我们的思维过程，这将导致我们做出不利的决策。

一个著名的实验曾经揭示了公正的重要性。这项实验的主角是两只猴子，它们必须完成一些简单的任务。

这两只卷尾猴需要把一块石头交给实验者。作为奖励，猴子们会得到一截黄瓜。两只猴子都很高兴。但是，当实验者把黄瓜替换成一串葡萄奖励其中一只猴子时，情况发生了变化。在猴子眼中，葡萄更加香甜美味，因此比黄瓜更有价值。另一只猴子看见它的同伴得到了葡萄而不是黄瓜，因此，当它再一次得到黄瓜而不是葡萄作为奖励时，它变得怒不可遏，立刻扔掉了手中的黄瓜，明显变得焦躁不安。我们可以看到，猴子对于它感受到的不公有多么愤怒。这个实验的视频可以在油管（YouTube）上看到，标题是《卷尾猴不公正性实验》（capuchin monkey fairness experiment）。你可以看一下这个一分钟的视频。

我们感受到不公的时候也会有类似的感受。我们的反应会非常情绪化，有时变得狂躁易怒。在这样的情境下，我们无法做出合理的决策，因为我们此时已经被自己的情绪所左右。行为研究的一项实验也证明了这一点，这项实验就是所谓的"最后通牒博弈"。

实验过程很简单：我给你 100 元钱，但是你必须与同伴分享这笔钱，并向同伴提出分配这笔钱的方案。如果对方接受了你的分配方案，你们双方将得到方案中规定好的金额。如果你的朋友不同意你的分配建议，你们双方一分钱也得不到。钱会被拿走，也没有第二轮分配计划。你只有这唯——次提出分配方案的机会。你应该如何分配这笔钱呢？

你现在可以思考一下你的方案，并把它写在一张纸上。

好了，你现在准备分给对方多少钱？50元？30元？或者是70元？反之，你可以问问自己，如果你是另一方，你愿意接受多少钱？

最后通牒博弈向我们明白无误地展示了我们对于公正性的理解。在游戏进行过程中，我们会想，提出分配建议的是强势一方，他们掌控着整个游戏。但是如果被建议方认为分配方案不公，他也可以很容易地拒绝建议方提出的方案。因此，被建议方也可以像提建议方一样处于强势地位。

例如，你的分配对象可能会认为，任何一种没有平分这笔钱的方案都是不公正的。如果你的分配方案不利于你的对象，那么他就不会接受你提出的分配方案，并且以此来惩罚你的不公。按照逻辑，这一点是无法解释的。因为理论上讲，每个参与者都会接受哪怕是很小份额的金钱，例如1元钱。因为接受了这1元钱，他的收入就会增加。尽管如此，我们所有人都会拒绝过低的分配方案，因为我们感觉自己受到了不公正的对待。此时，我们内心的那只小卷尾猴出现了："如果别的猴子得到了葡萄，那我就不会要黄瓜。"

我们的情感战胜了我们的理性。我们对于游戏对象的不公怒不可遏。对我们而言，惩罚他的不公远比我们自己获得利益更重要。在具体的决策情境中，这种情绪的强大力量不仅表现在我们的正义感上。这里更多地反映出一种普遍现象：如果我们在决策时感受到一种强烈的情绪，那么这种情绪会严重影响我们决策的效果。

你也许会问，在最后通牒博弈中，被建议方可接受的平均数额是多少？答案是约为总金额的40%。另外，约50%的参与者会拒绝低于总金额30%的分配建议。

设想一下，你和一位供应商正在就一笔新的采购项目展开谈判。你们双方达成的价格最终反映出供应商能够以低价形式给你让利多少。相反，如果他提出较高的报价并且成功达成交易，那么他就可以获得更多的利润。这和最后通牒博弈的情景完全相同。由于你熟悉市场，你可以正确评估对方的报价，和市场上其他供应商进行比较。也许你已经和这位供应商合作了很长时间，对他非常信赖，而且对方的产品质量也非常可靠。尽管如此，如果你感到受到对方不公正的对待，如果他自私的行为是以牺牲你的利益为代价，那么你也有可能立刻解除合同。同样的情况也出现在薪资谈判上。谈判者常常要求自己的薪水和他人相比应该是公平合理的。否则，情绪会迅速主导谈判，令失望的情绪占据上风。谈判者会考虑辞职，甚至会立刻辞职。

我们在做一些重要决策的时候，情绪因素会导致我们可能拒绝经济上有利于自己的结果，同时赋予某些个人目标（如公正性）以更大的意义。我们的情绪影响了自己的思考过程，并且在无意识中左右了我们的决策。因此，我们一定要意识到情绪的力量及其在决策过程中可能产生的负面效应。

用简单的方法战胜自己

现在，我们已经听到了很多负面的消息。每当我们做决策的时候，我们自己的心理因素总会对我们产生影响。我们在超市买牛奶的过程中被各种奶制品或者广告所影响，这还不是太严重的事。但是如果我们想买车、换工作或者考虑成立一家公司，那么思维错误或者情绪化的决策可能会让我们损失惨重。

不过，人们开发了一系列方法来改善决策质量、减少思维错误和情绪所带来的负面影响。这些方法都非常简单，能够快速高效地融入我们的决策过程。

要点 | POINTS

决策失败的原因是什么？

- 我们的决策过程受到各种思维错误的影响，这些错误控制着我们的自我认知和对环境的认知。

- 我们对自己的预判能力过分自信。

- 我们对于自己动手完成的任务总是给予很高评价

（宜家效应）。

- 由于盲目乐观，我们在决策时面临很多重大风险。

- 我们常常错误地判断了周边环境及其产生的风险。

- 我们受表象影响而对他人产生错误的判断（光环效应）。

- 情绪因素会让我们在做重要决策的时候丧失逻辑性。

- 感觉自己受到不公正待遇是决策情绪化的一大原因。

- 由于情绪因素，我们的潜意识会做出一些理性无法解释的决策。

第三章

成功决策的七个策略

一、确认你要做的决策

> "永远记住：你关注的事情决定了你的现状"
>
> ——乔治·卢卡斯（George Lucas），
>
> 《星球大战》（*Star Wars*）编剧及导演

每个决策都起源于一个需要通过决策来解决的问题。请你设想一下下面这个情境：几个月以来，你毫无动力，一点儿不想去上班。这引发了一个你必须面对的问题——"我要不要辞职呢？"当然，我们在决策过程之初应当首先问问自己，我们是否在对症下药。我们必须首先确认问题所在，因为问题是决策的出发点。

在我们考虑辞职并离开现单位时，我们的问题不一定在于单位本身。引发问题的有可能是早已与之不睦的部门领导。为了解决这个问题，换到本单位其他部门工作也许就能够解决问题，不一定非要离开本单位。我们必须明白我们通过决策需要解决什么样的问题，这样才能做出正确决策。

设想一下，你的企业正面临一个重要问题。企业正在考虑是否要出售某个业务部门。这可能出于多种原因，例如这个部门也许没有赢利能力，不再符合企业的发展战略，或者企业希望把出售该部门获得的资金投入到新的增长点上。也就是说，有一系列我们需要通过决策来解决的问题。

为了正确分析决策过程，我们必须关注问题的症结所在，并全力以赴解决问题。否则，我们很可能将走入一个错误的方向，去考虑一些无关紧要的问题。

例如，企业的某个部门不再赢利，我们需要尽快摆脱它。此时的决策过程当然与通过出售该部门以获得资金投资新领域的决策完全不同。

然而实际情况是，我们的决策过程往往不是从分析本质问题开始的，而是更倾向于探究问题的表象。

我们在考虑辞职的问题时，总是习惯于关注某个表面问题。这个问题可能是我们的公司。但是我们可能从来没有意识到真正的问题也许是老板，他才是我们想辞职的原因。因此，我们在决策时经常只考虑到问题的表象，而不是引发问题的真正原因。

这种联系在医学上表现得非常明显。例如，引发我们颈部疼痛的原因是颈部神经受到压迫，医生在治疗过程中必须主要针对病因进行治疗，而不只是通过药物缓解疼痛。否则医生的做法只是治标不治本。如果一名医生不去检查患者的神经，而是考虑使用哪种止疼药，那么他的做法就是舍本逐末、缘木求鱼。

但是当我们在日常生活或者生意上遇到问题时，想要正确区分表象和问题症结却并非易事。

关注焦点与分析问题

造成这种情况的主要原因之一是我们的关注力十分有限，这使我们无法集中精力关注真正的问题，而去纠缠于表面现象。这正所谓"只见树木，不见森林"。

对我的话将信将疑？你可以在网上找一下《篮球

意识测试》（*Basketball Awareness Test*）这个视频。伦敦市政府通过这个视频短片宣传了道路交通安全意识，并取得了巨大的成功。该视频在油管上的点击率已经超过3000 万次。

我们在视频中可以看到两支篮球队，一支球队身穿白色队服，另一支身穿黑色队服。现在，观众（也就是你，如果你正在看视频的话）需要计算白队的传球次数。正确数出传球次数其实并不困难，但是我们忽视了更重要的内容。当两队来回传球时，一个打扮成黑熊的演员走到画面中间，跳起了迈克尔·杰克逊（Michael Jackson）的"太空步"，然而许多人对眼前这只跳舞的"熊"竟然毫无察觉。

按理来说，这个奇怪的家伙理应引起我们的注意。但是我们只专注于计算传球次数，以至于对它视而不见。

遗憾的是，许多人没有从自己的错误中吸取教训。在第二个版本的视频中，一名女性打着伞走过画面。这个情节甚至被那些之前看过"跳舞熊"的观众忽略了，即使他们知道这个实验的目的不是计算球队的传球次数。

他们开始寻找那只"熊"，而忽略了那个打伞的女人。这个例子直观地说明了我们经常过于关注表面问题，从而忽略了事情的本质。

当我们做出决策时，视频中那只被我们忽视的"熊"才是真正需要关注的问题。我们过于专注于我们自认为需要解决的问题，从而忽略了眼前的核心问题。

哈佛大学教授马克斯·巴泽曼（Max Bazerman）将这种现象称之为"无意识的忽视"。重要的信息常常就摆在我们面前，然而我们却忽略了它，这种现象在很多情况下会导致我们过于仓促地做出决策或者向错误的方向思考。我们常常被错误的期望值所左右，尽管它们本身并不重要。哈佛大学医学院的一个科研小组研究了机场检查手提行李的过程。实验人员的任务是检查航班乘客行李中的危险物品。一组实验人员被告知，他们找到危险物品的概率大约为50%；而另一组被告知，他们找到危险物品的概率仅为1%。结果显示，第一组检查行李的错误率只有7%，但第二组的错误率为30%。这说明，我们的期望值决定了我们的认知，而认知则决定了我们的关注点。

恐惧阻碍了我们把控全局的能力

除了在决策过程中令我们常常忽略本质问题之外，情绪在我们确认自己是否做出了正确决策时也扮演了非常重要的角色。原则上讲，情绪有助于我们做决策，它能使我们更关注本质问题。当我们感受到恐惧的时候，我们的注意力就会集中在特定的危险之上，使我们对危险做出快速和有效的反应。这对于生存至关重要。我们的情绪使我们的身体和精神做好了逃离或者反击的准备。

然而，我们在许多决策时刻虽然感受到了恐惧或压力，却不一定能立刻做出快速和有效的反应。我们常常并没有像设计好的那样做出反击或者准备逃走。相反，我们害怕失败，害怕自己速度不够快或者害怕自己做出一个错误的决策。特别是在我们做重要决策的时候，这种现象给我们的专注力带来了极其负面的影响。我们只是关注表象，却忽视了应该通过决策解决的核心问题，对其视而不见。尤其是我们一旦想到这次决策会对许多人和事产生影响，我们的恐惧感就会急剧增加，专注力会变得非常弱，并且失去了冷静分析问题的能力。

许多心理因素让我们的决策过程在一开始就步履维艰。但是我们可以通过一些简单的方法提高自己的专注力，使我们的注意力集中到需要解决的问题本身。这里有两个方法对我们而言行之有效。

设想决策的各种可能性

我们关注的问题经常不是本质问题。例如，处理订单过程中的错误也许不是某个员工造成的，而是来自整个工作流程或者信息技术系统；造成你情绪烦躁的也许并非是你周围的同事，而是因为你昨夜没睡好。

为了辨别重要决策中的本质问题，领导力培训师彼得·布雷格曼（Peter Bregman）设计了一个简单的问题，它能使你更加开放地思考问题产生的原因。在一些决策困难的情境中，他会问自己："如果我正在解决的问题不是真正的问题，那么真正的问题有可能是什么？"布雷格曼认为，大部分人倾向于仅仅考虑如何解决表面问题或者分析表象，而他的方法有助于扩大决策者过于狭隘的观察视角。

如果你想瘦身几公斤，让自己更有活力，你的第一个念头可能是增加锻炼次数以燃烧掉更多热量，以便加速体内新陈代谢。可是你真正的问题也许不是缺乏锻炼，而是太爱吃巧克力。一个令人沮丧的事实是，100克巧克力所含热量相当于慢跑45分钟或者骑行一个小时所消耗的热量。因此，本质问题在于如何减少巧克力的摄入，而不是如何增加锻炼次数。一个简单的自问自答可以帮助你准确地得到这个想法，令你更广泛和开放地思考你的决策问题。因此你可以问问自己，如果你现在正在解决的问题并不是本质问题，那么本质问题有可能是什么？

区分表象与原因

我们必须更加开放地思考我们需要解决的真正问题。

除此之外，区分表象与原因也是一个行之有效的办法。

你可以运用"核心原因分析法"。这种分析方法能够使决策过程更加条理化，让我们针对每个具体问题进行深入思考。这就避免了我们一味关注那些看似明显、实则掩盖了根本原因的问题。

核心原因分析法的目的在于找到表象背后的真正原因。例如，如果你开会迟到了，可能是因为从家里出发得太晚。出发太晚的原因有可能是你睡过头了。睡过头的原因可能是你昨天晚上在网上看了一部电影，直到半夜才上床睡觉。

如果这样分析问题，那么你可以在这个链条的每个节点上进行思考，这样有助于你解决问题，做出决策。

问自己三遍"为什么"

我可以给你推荐一个最简单的办法，它能让你利用核心原因分析法找到需要决策解决的本质问题。这个方法也受到了亚马逊（Amazon）创始人杰夫·贝索斯（Jeff Bezos）

的青睐：你只需要在每次决策前问自己三遍"为什么"。这个既简单又有效的方法能使你在几分钟时间内就能确认你决策的本质动机和原因。但是这个方法要求你必须具备开放性思维。真正的决策过程要比这难得多。但是在绝大多数情况下，你可以通过三个"为什么"来确认需要解决的问题，这种方法更加简单和精确。因为你已经把需要通过决策解决的问题拆分开，并使之具有条理性。

利用这种分析方法，也许你会发现老板是你想换工作的原因。也许你可以这样问自己：为什么我对目前的生活不满意？因为我的工作给自己带来太大的压力。为什么我的工作会给自己带来压力？原因在于老板。为什么我和老板合不来？因为他不给我任何自由施展的空间，而且独断专行。这种方法可以帮助你快速而轻松地确定你真正需要解决的问题。

特斯拉和 Space X 的创始人埃隆·马斯克（Elon Musk）也钟爱类似的方法，这样才能厘清那些影响决策的关键因素。这种所谓的"第一性原理"策略旨在将面临的问题分解到最基本的层面，以便能够在此基础上制定一个解决方案。当马斯克和他的团队开始为他的公司Space X开发商业火箭时，他们必须对生产成本做出重要决策。但是，马斯克的团队没有简单地参考其他企业的火箭制造项目，而是分析了制造火箭所需的实际部件及其材料和制造成本。他们找到了制造成本的根源，并最终在火箭生产和材料规划方面做出了成功的决策，因为他们知道团队需要解决的真正问题是什么。结果不言自明：Space-X火箭的最终生产成本仅为设计之初成本的2%。

这两种方法都有一个共同的目标，即帮助你做出更好的决策：你可以把决策从问题的表象中提取出来，并分析出哪个是真正需要解决的问题。只有确保这一点，你才能保证自己所思考的问题是正确的和重要的问题。

那么保罗应该提出什么样的问题呢？在波兰市场损失的5万欧元让他心烦意乱。"如何才能减少这种损失？我们还可以赚到钱吗？"保罗知道这种表面上的问题并不是公司面临的真正问题。因此他问自己，除了亏损本身之外，公司需要解决的核心问题是什么。

现存的问题可能是什么？也许是对市场缺乏了解？也许是缺少资源？也许公司应该改变策略，采取更加具有针对性的市场行动？最后，为了找到问题的症结所在，保罗按照贝索斯的方式问了自己三遍"为什么"。

他问自己："我们为什么两年以来在波兰市场始终亏损？因为我们预算不足，无法在波兰宣传自己的品牌。"

"我们在波兰市场为什么缺乏预算？因为公司内部一直在把预算给德国市场还是给波兰市场这个问题上争执不休。"

"为什么要就预算问题争执不休？因为两个市场为了实现战略增长目标都需要尽可能多的预算。"

看来，预算才是症结所在。这样，保罗确定了真正需要思考决策的问题：他的企业在波兰的业务是不是比在德国的更重要？

决策步骤：

- 抽出时间安静思考 30 分钟。

- 把自己需要决策的问题写在一张白纸上。

- 问问自己："问题可能是什么？"或者问自己三遍

  "为什么"。

二、向正确的人寻求建议

> **"智慧的唯一源泉是经验。"**
>
> ——阿尔伯特·爱因斯坦（Albert Einstein）

当我们在生活中寻求建议时，我们通常会求助朋友或家人。原则上，这并没有什么不妥。然而，在做出重要决策时，我们必须仔细考虑应该向谁征求意见。许多给你建议的人有他们自己的立场，我们应该充分意识到这些立场的存在。例如，我们去咨询朋友自己是否应该接受一个其他城市的新工作，此时他们的建议可能并不客观。他们有可能希望我们留在他们身边，继续你们之间的快乐时光。所以在做这个决策时，我们不太可能从他们那里得到客观和理性的建议。

我们在寻求他人的建议时也会参考多数人的想法。例如，德国大城市里许多 30 岁至 40 岁的人都卖了城市中的房子，搬到了乡下，这似乎是一个趋势。受此影响，许多德国人在自己决策换房的时候也会参考这种趋势。然而这种趋势对于你换房的决策不一定重要。也许你喜欢乡下的生活，对大城市不感兴趣。也许你更看重租房带来的灵活性。简而言之：如果我们在征求他人建议之前，没有考虑谁是合适的咨询对象，那么我们就有可能随波逐流或者被建议者的立场所左右。

相反，我们应该咨询那些面临过和我们相同的问题，并且已经解决了这些问题的人。从他们身上我们可以学到很多经验，他们曾经和我们处境相同，其建议更可能有助于我们的决策。另外，如果这些提建议的人并不想从建议中使自己获利，那么他们就是理想的咨询对象，他们可能使我们在决策过程中受益良多。

我们为什么会被多数人的意见所左右？

多数人的意见似乎是正确的。在大多数情况下，这也是一个简单的规律。毕竟许多人思考过同样的问题，并得出了同样的结论，形成了一个多数人普遍认可的观点。

但是这个简单的规律也有可能导致错误的决策。因为决策最终都是个人的决定。因此多数人的观点也有可能把我们带入错误的方向。

例如，许多人认为自己创业是一件极有风险的事，因此从来不会考虑迈出这一步。这其实也很好理解。因为许多初创企业在建立后的一年内就倒闭了。假如所有的创业者都以这种想法为参考，那么世界上就不会有新的企业产生。反之，决策时另辟蹊径，冒着风险创业，这也许是一个不错的决定。毕竟创业成功的例子也不罕见，无论是上市旅游企业 Trivago❶，还是街道拐角那家已在市场站稳脚跟的小吃店。

因此，向合适的人征求意见非常重要。我们应该求助于那些了解我们和我们需求的人以及那些已经做过相似决策的人，只有他们才能给我们提供真正的帮助。因此，当你考虑是否要创业时，你应该咨询一位企业家，

---

❶ 欧洲最大的酒店比价搜索网站。——编者注

而不是你的亲属或最好的朋友，因为他们可能不喜欢冒险，只想在公司做一名职员，一直到退休。可是恰恰相反，我们在实际生活中很少咨询企业家，我们的咨询对象常常是自己的亲朋好友。

从众效应

心理学研究表明，我们在做决策时常常受到大众观念的影响，即使这些观念最终对我们的决策毫无价值。如果许多人已经接受了一个观念，那么决策者也很有可能接受这个观念。这种现象在许多领域都可以看到。这就是所谓的"从众效应"。

例如，如果我们经常与那些热爱锻炼、饮食健康的人在一起，我们也会接受他们的生活方式，并改变我们自己的行为。反之亦然，如果我们常常与那些生活方式不健康的人在一起，我们也会接受他们的生活方式。如果他们饮食不健康，常常酗酒，我们往往也会这样做。这里面的原因其实很简单：如果我们经常看到某种行为，我们就会认为这种行为是"正常的"，并不由自主地以它为参照。这一现象同样出现在时尚领域。我们经常根据别人的穿着来决定自己的着装。在做决策时，我们不是以自己真正需要的东西为参考，而是以其他人认为重要的东西为参考。因此，我们虽然得到了所有想要的东西，但却没有得到适合自己需求的建议。

从众效应也影响到诸如选举这样的重要决策。在这方面，民意调查起到了推波助澜的作用。哥本哈根大学曾经做过一项研究，大约 3000 名丹麦选民被分为不同的小组。其中一个小组收到了一篇虚构的关于大选民意调查结果的报纸文章。按照该结果，社会民主党的大选得票率遥遥领先。在另一小组中，参与者收到了一篇民意调查结果完全相反的文章，即社会民主党的选票大幅流失。接下来，两组参与者被问及如果今天有选举，他们会投票给哪个政党。结果显示，民意调查结果对参与者的投票行为产生了明显的影响。在两个小组中，社会民主党得到完全不同的投票结果。类似的研究表明，在真正的选举中（例如在英国或美国的初选中），民意调查对选举结果也有相同的影响。

因此，就像我们自己的决定一样，在选举问题上，我们也会受到他人普遍想法的左右。我们希望自己的选择是正确的，因此我们常常按照民意调查的结果投票，而没有真正反思自己的想法。在很多情况下，我们会追随他人的意见，只是因为这些意见得到了许多人的认同。这样的做法很可能会导致我们做出没有反映自己立场的决策，这是一个巨大的风险，可我们常常对此却浑然不觉。

即使我们为了决策而向他人寻求建议，我们也会受到"从众效应"的影响。我们往往会参考常见的意见，并且咨询那些持有这种意见的人。当我们向别人咨询关于决策的问题时，我们一定要意识到这个现象，如有必要，我们还要考虑其他建议。

即使在小范围内，我们也会很快受到他人观点的影响。在工作中，为了不破坏同事间的和谐氛围，人们经常不愿发表不同意见或者批评性意见。这种现象通常出现在成员性格非常近似的团队中。这种错误的思维方式会给决策过程带来非常严重的后果。

根据官方调查报告，美国"挑战者"号航天飞机爆炸的直接原因是密封环故障致使气体泄漏，最终导致了这场灾难。然而，密封环的问题在以前的发射任务中已经不是一个秘密。众所周知，它们在低温下特别容易发生故障。因此，"挑战者"号发射当天的低温本应是一个预警信号。许多发射团队成员也意识到了这一点。然而这种担心被忽视了，因为它并不符合团队的主流意见。由于发射团队过于依赖主流意见，合理的建议反而被忽略了。

当我们向朋友、同事或家人寻求建议时，群体思维也会产生重要影响。这些人对我们很了解，往往和我们有类似的观点，大家彼此也都很熟悉。在这样的群体中，和谐的氛围是特别重要的，因此人们很难表达反对意见，因为这样做不仅有可能在短时间内破坏群体内和谐的氛围，甚至可能永久地损害自己在群体中的声誉。因此，一个人从家人和朋友那里得到的建议也可能是符合群体观念的意见。

我们必须意识到，群体和谐的重要性在这种情况下会导致提出的建议不具批评性，而旨在被大多数人认可。这样的建议对我们而言并不陌生。在绝大多数情况下，我们不需要通过别人的建议获得那些常规的观念。

因此，我们不应完全依赖亲朋好友或多数人的意见，而应该去求助于那些理解我们具体情况的人。

找到这样的咨询者并不像看起来那么困难。并不是只有我们面临类似的问题。许多人已经面对类似的问题做出了正确的决策。他们才是我们真正应当寻找的顾问。

除了我，还有谁面临同样的问题？

我们应该问问自己，谁的专业知识和工作经验能为我们的决策提供新的观察角度？谁的意见最适合我们目前面临的处境？

斯坦福大学商学院教授奇普·希斯（Chip Heath）和杜克大学教授丹·希斯（Dan Heath）在二人共同撰写的《决断力》（Decisive）一书中描述了零售业巨头沃尔玛的

创始人山姆·沃尔顿（Sam Walton）如何准确地使用这种策略。沃尔顿总是从他的竞争对手那里获得很多灵感，特别是在他的公司的初创时期。他总是问自己一个问题："除了我之外，还有谁面临着与我相同的问题，我可以从他们身上学到什么？"所以他从其他公司寻找他的顾问，在此之前，他已经对这些公司进行了认真的观察和仔细的研究。当时，沃尔顿最重要的任务就是改善客户服务和降低经营成本。有一次，沃尔顿在美国明尼苏达州的一家零售店里发现了一个可以为所有部门结账的中央收银台。这种收银台在今天已经司空见惯了，顾客可以在离开商店时结账。然而，当时在沃尔顿的商店里，顾客仍然得在每个部门单独的收银台分别结账。沃尔顿把这一经营理念很快运用到自己的商店里来，解决了客户服务的问题。这不仅能够为顾客提供更好的购物体验，还给企业节省了大笔资金。

我们不仅能够通过观察来学习，还可以向别人征求意见。他人可以用自己在类似情况下的经验给我们提供帮助，从而为我们的决策提供重要的启发。要找到这样的顾问，我们应该首先问问自己到底在哪个领域需要建议。可以思考一下，哪位朋友或熟人在过去三年中曾经面临过类似的局面。你可以回忆一下你们之间的谈话或者别人给你讲过的事。

如果你正在考虑读 MBA 来促进你的职业发展，那么你就应该咨询身边那些已经成功完成 MBA 学业的人。他们当时是如何做出这个决策的？他们给自己提出了哪些问题？他们是如何选择大学的？他们的学业是否达到了预期的效果，有哪些不尽如人意的地方？现在他们还会再次做出同样的决策吗？借助于这些问题，你的决策可以获得更好的信息基础。如果你只是和一个想帮助你的朋友闲聊，他可能只会空泛地说 MBA 这种深造机会肯定有助于你的职业发展。

假如你周围没有一个曾经经历过类似情况的人，那么你可以问问朋友是否认识经历过类似情况的人，例如他们也参加过 MBA 课程。世界毕竟不大，在我们间接的人际关系中肯定有很多能够利用自身经验帮助我们的人。如果有这样的人，那么你可以请求朋友介绍你们认识。

你的朋友和你潜在的建议者肯定很乐意能在你遇到决策困难的时候帮助你。

我们求助的人如果不是来自自己的朋友圈，还有另外一个好处：他们通常没有偏见，也不会通过建议谋求自己的利益。相反的情况却经常发生在好朋友身上，无论他们是有意的还是无意的。另外，我们的朋友和我们通常有类似的观念，这无助于扩大我们决策时的视野。如果你想评估别人给你带来的信息和建议，并把它们作为做决策的参考，那么你可以问问自己："给我提建议对建议者自己有什么好处？"

为了决策时能够得到好的建议，我们还必须克服最后一个障碍：自我贬低。在很多情况下，我们会认为决策时征求他人意见或者请求他人帮助是一种无能的行为。事实恰恰相反。哈佛大学教授弗兰切斯卡·吉诺（Francesca Gino）发起的一项研究显示，人们通常会认为，决策时向他人征求意见的人比那些不这样做的人能力更强。因此放心大胆地向他人征求意见吧！被征求意见者会视此为一种荣誉，并乐意为你提供帮助。

保罗一直在思考该向谁征求意见。他有一个大学时期的老朋友，此人目前在做企业管理顾问。虽然保罗已经很久没有和他联系了，但一个他俩共同的朋友很快让两人重新取得联系。保罗确信，他肯定能从这位老朋友那里得到很好的建议。此人没有任何偏见，也不了解保罗的个人目标，与保罗公司的竞争对手不存在可能的利益关系。他拥有丰富的跨国管理经验，非常了解初创企业的成长规律。他是保罗最理想的顾问。

两人在电话中进行了一番讨论，这位老朋友确认了保罗的一些想法。他也认为，保罗的公司在波兰的财务资源和人员数量都不足，无法进行企业品牌宣传并在波兰市场实现可持续的销售。对于保罗公司目前的投资者而言，增加预算和人力资源绝无可能。因此，保罗得出了唯一的结论：他的公司必须立刻撤出波兰市场。

向正确的人征求意见的步骤：

- 你一定要明白，多数人的意见不一定适合你的决策。

- 如果一个朋友从未做过类似的决策，就不要只相信他一个人的意见。

- 学习他人的经验。你可以向那些曾经解决过类似问题的人求助，或者参考别人在类似的情境下如何决策。

为了能够向合适的人征求意见，你需要问自己几个问题：

- 我是该有意识地寻求他人的建议，还是该为了图方便直接询问家人和朋友？

- 谁曾经经历过类似的问题？我能从他那里学到什么？

- 谁曾经在类似的情况下做出过成功的决策？

三、找到批评者，并试图理解他

"如果两个人有不同的观点，那么很可能有一个人是错误的。这有助于判断出你是不是那个错误的人。"

——瑞·达利欧（Ray Dalio）

我们做决策的时候，对于周边环境的感知通常更具选择性，我们常常自觉或不自觉地回避那些质疑我们的观点。这会导致我们忽视那些重要的反对意见。通常情况下，我们只是希望通过别人的意见来确认自己的想法。设想一下，你一直梦想能有一辆跑车。现在你想实现这个梦想。你可以和谁讨论这个决定？很可能是那些喜欢你、关心你的人。他们会因为你实现了自己的梦想而开心不已。他们的意见再一次确认了我们自己对于是否该购买跑车这个问题的观点。我们不愿听到那些反对的声音，例如跑车不利于环保。我们会认为，这些反对意见令人扫兴，只能破坏我们脑海里萦绕已久的梦想。然而，我们买完跑车后很可能会这样想：我多希望买车之前能多听听反对意见啊。我们后悔的原因可能在于，跑车的利用率并没有之前想象的那么高，每个月还得支付购车的分期贷款。如果我们之前能多了解一些购买跑车的利弊，也许我们会做出不一样的决策，而且是更好的决策。但是，只有当我们自觉地把批评意见纳入我们的决策过程时，我们才有可能听到那些质疑我们梦想的观点。

确认偏误：为什么新信息常常无助于决策？

我们总是坚持自己的观点。毕竟我们对相关问题进行了长时间的思考，搜集了许多方面的信息，并且还仔细权衡了利弊。至少我们自己是这样认为的。遗憾的是，我们实际上并非自己想象的那样客观公正。特别是我们搜集信息和评估信息的方式常常受到潜意识里决策偏见的干扰。这意味着，我们阐释新信息的目的在于让这些新信息符合并证实我们现有的观点。认知心理学把这种现象称为确认偏误。

举个例子：斯坦福大学曾经开展过一项公众对于死刑态度的研究。参与者必须表明自己对死刑的态度，他们被分为两组。第一组集中了那些支持死刑的人，第二组则是死刑的反对者。研究人员向两组参考者提供了完全相同的信息，这些信息包括支持或反对死刑的一些理由以及数据，并且完全是客观公正的。所有参与者在仔细研究了这些信息后，再一次被问及对于死刑的观点。结果是，没有一个人改变自己最初的观点，那些一开始就支持死刑的参与者甚至更加坚定地支持死刑。反对死刑者也认为自己反对的理由更加充分了。之所以得出这样的结果，原因其实非常简单：参与者只关注那些符合自己观念或者价值观的信息，而完全忽略了不同的意见。

确认偏误会导致我们仅仅关注那些支持自己观点的信息。这会带来极为严重的后果：我们没有把不同观点纳入我们的决策过程。这样做的危害在于我们会忽视一些重要的论点和新的观念。

我们喜欢和自己同类型的人相处

更严重的是，我们往往容易忽视一些新的信息，而我们周边的环境又一次加重了这一现象。无论是在工作中还是私人生活中，我们都喜欢和自己性格相似和观念相同的人相处。

在团队工作中，我们更喜欢和那些与我们有许多共同点的同事一起工作。这些共同点不仅指他们的观念，还包括他们的受教育程度、家庭背景、肤色或者喜欢的足球队等。

许多研究表明，企业的员工团队具有很强的同质性。有个例子可以证明德国的职场普遍缺乏多样性：尽管德国政府推出了许多女性扶持计划，但德国企业领导层的女性比例仍然仅占 22.5%。其主要原因在于企业的招聘与选拔程序：企业领导潜意识里总是倾向聘用那些和自己相像的应聘者。确认偏误影响了企业团队的人员构成，固化了员工的思维方式，妨碍了团队和企业内部不同思想的交流。这不仅限制了员工在解决问题时的创造力，甚至还强化了那些根深蒂固的旧思维。

同样的现象也出现在我们的私人生活中。婚恋网站近几年来在德国很受青睐。越来越多的人希望在网上寻找自己的终身伴侣。婚恋网站提供了关于我们未来潜在生活伴侣的个人信息。但如果我们仅借助于这有限的信息做决策，那么我们很容易被确认偏误所误导。例如有人表明自己喜欢音乐，那么我们潜意识可能会认为他或她和我喜欢同一类型的音乐。如果有人喜欢旅行，那我们可能会认为他或她自然而然像我一样喜欢去北欧。我们希望确认自己积极的想法，因此我们总是从每条信息中挑选出最符合自己想法的表述，并让对方处于理想的想象中。当我们真正和对方约会时，失望就在所难免了。

我们生活在信息茧房中

众所周知，社交媒体的使用令这一问题愈发严重。德国人每天使用社交媒体的平均时间为 2 小时 19 分钟。对于许多人而言，社交媒体已经替代了报纸或电视，成为获取新闻和信息的最主要来源。社交媒体让我们置身于一个信息茧房中，这将带来巨大的风险。我们只能看到自己或者朋友感兴趣的关于这个世界的图像和只言片语。所有的新闻推送都来自计算机算法。计算机算法给我们推送的内容都是符合我们兴趣的内容。例如我们曾经点击过相关作者的文章，或者我们的朋友喜欢某些内容，算法会把它们分享给我们。搜索引擎的搜索结果也是如此，它能够按照用户以前的搜索内容或者位置信息归纳搜索结果。无论是在社交媒体上，还是在搜索引擎中，我们获取的信息都是经过自动筛选的。然而，似乎只有很少用户明白这个道理。伊利诺伊大学的一项研究显示，在接受调查的社交媒体用户中，60% 的人并不知道他们在电脑或手机上获得的信息是基于计算机算法筛选产生的。

2016 年美国总统大选和英国脱欧公投已经反映出，政治讨论会出现危险的两极化局面。人们不是在进行真正的讨论，认真权衡利弊，而是让谷歌和脸书（Facebook）这样的社交媒体提前做出选择。政客这样做的目的仅仅是确认自己的观点是对的。毫无疑问，如此使用互联网只能导致我们的认知出现盲点。大部分人在形成自己的观点时，缺乏的是与持不同观点的人进行讨论和交流。然而问题的关键在于，由于算法的存在，他们很难找到那些与自己不一样的观点。

全面获取信息对于成功决策必不可少。我们通常不愿意把一些令人不快的事实纳入我们的思考过程。但是我们应该正视这些事实，仔细斟酌不同的观点和意见，只有这样我们才能避免决策失误。

逃离社交媒体和搜索引擎所构成的信息茧房其实并非难事。我们可以尝试购买付费新闻服务，以便获取更有用的信息，或者有意识地浏览不同的新闻网站，这些网站能够提供不同的观点，并扩大我们的信息基础。这些新闻网站最好是外语网站，如《纽约时报》（*New York Times*）或者《中国日报》（*China Daily*）这些网站。

视批评为良药，不要带个人情绪

除了这些因素外，我们的个人意识也常常成为决策的绊脚石。个人意识通常会阻碍我们主动同那些持不同观点的人交流。我们更喜欢对方赞同我们的观点，希望对方不要表达批评意见，因为通常情况下我们很难接受批评意见。许多人在工作当中都有这样的体会。在公司的每一次工作反馈会议中，即使大家对我们的工作普遍反映良好，但是我们仍然会对那些批评意见耿耿于怀，哪怕是一些微不足道的批评意见。几天后，我们非但没有针对这些正面反馈进行反思，反而仍然对同事的批评难以释怀。这种现象来自一种错误的想法，即我们总是把他人的不同意见视为对自己的冒犯，而没有发现它们真正的作用：不同的观点有助于完善我们的世界观，并使我们的行为更能满足现实情况的要求。

幸运的是，有一个简单而快速的方法可以让我们冲破这种选择性认知。

冲破选择性认知

经过提前筛选的信息会对我们的决策产生负面影响。

为了避免这一点，我们应当主动寻求与批评者进行讨论。这个办法看起来很简单，但在实际工作中，这个办法很难付诸实践，因为我们的自我认知很难接受这种方法。有时，这种方法还会引起我们的恐惧感或者羞耻感。

但是，如果我们的决策十分重要，我们就必须主动寻求不同意见，并不带任何偏见地讨论所有反对意见和想法。

实践证明，在决策过程中考虑批评意见能够显著改善决策效果。加州大学伯克利分校的劳拉·克雷（Laura Kray）和西北大学凯洛格商学院的亚当·加林斯基（Adam Galinsky）已经在实验中证明了这一点。他们把实验者分为两组。研究人员要求第一组人员主动将其他不同观点纳入决策过程，并搜集相反的理由。事实证明，这一组的决策结果明显好于另一组，后者只相信自己的观点。其他研究结果也证实了批评者在决策过程中的积极作用。慕尼黑大学和奥托贝森商学院的研究人员通过实验证明，将批评者的意见纳入决策过程提高了决策的质量，甚至消除了团队中的确认偏误。

考虑批评意见必有回报

这种方法的有效性也在实践中得到了证明。例如，著名投资人沃伦·巴菲特（Warren Buffett）在进行投资决策时会考虑不同的评估意见和反对理由。他之所以能够通过精明的投资将伯克希尔·哈撒韦公司（Berkshire Hathaway）打造成世界上最有价值的公司之一，这也是重要原因之一。巴菲特不仅仅只是参考批评者的意见，他还试图理解这些批评者。他曾经邀请了他最著名的批评者之一、对冲基金经理道格·卡斯（Doug Kass）参加他的投资者会议。卡斯不仅是巴菲特投资策略的公开反对者，他甚至卖空了伯克希尔·哈撒韦公司的股票，也就是说，他认为巴菲特公司的股票会贬值。对批评自己的人保持开放的态度是一种勇气，而且在绝大多数情况下都能得到回报。巴菲特成功地打破了他的选择性认知，为下一步的战略投资决策获取了更有价值、更全面的信息。

这一点同样适用于团队工作。一个由观点各异的人组成的多元化团队可以为同一个问题带来百花齐放的观点,从而打破团队的选择性认知。此外,研究表明,来自和自己不同的人的批评比来自和自己相似的人的批评更能引发我们的思考。这一结论来自斯坦福大学对 350 多名学生进行的一项研究。一名非裔美国人在白人占多数的小组中发表批评意见,会比白人学生发表完全相同的批评意见更能激发人们深入地讨论问题的解决方案。

因此,考虑和认可他人的不同意见是有回报的,这能让我们在决策前考虑尽可能多重要的信息,以避免在决策过程中受到偏见的影响。

当然,把批评意见纳入我们的决策过程也并非易事。我们常常感到自己受到了冒犯。我们必须意识到对方的批评并非针对我们个人,而是针对我们的想法或分析结果。这一点非常重要。我们要认识到,批评者和我们一样也处于防卫模式,因为他也就这个问题进行过深入思考,但是却得出了不同的结论。我们在讨论时要带有好奇心,而非恐惧感。我们必须坚定一个信念,那就是这样做可以大大改善我们的决策结果。

人们在做个人决策的时候，和少数几个批评者讨论往往就已经足够了。瑞·达利欧（Ray Dalio）是全球最大对冲基金公司之一桥水基金（Bridgewater）的创始人。他在其著作《原则》（Principles）一书中描述过，他如何与批评者在讨论时保持一种开放的态度，并且不急于评判对方的观点。他在讨论中特别注意自己的情绪，他会把自己的情绪变化视为正在走上正确道路的一种信号。当我们面对批评意见的时候，我们的身体也会有所反应。我们的身体和面部肌肉会紧张起来，并且会感受到愤怒和激动。这些身体信号向我们表明，我们应该继续朝着这个方向往下走。我们不应该把这种感觉当作逃避讨论的借口或者做出咄咄逼人、居高临下的反应。恰恰相反，你应当这样做：不要立刻做出回应，然后深呼吸，问问对方为什么会得出这样的观点。

你应当尝试理解你的批评者，克制自己拒绝他们的冲动，并在讨论的第二阶段再介绍自己的观点，同时向对方解释你如何得到这样的结果。你可以把批评者的观点理解成一种补充性的意见，并以此扩展你自己的视野。

你在讨论中证明自己的观点时应有理有据，而在倾听对方意见时应该表现出虚心、谦卑的态度。只有这样，你才能理解对方的意见，而不是一开始就评论甚至批评对方的观点。讨论的目的并不是要发现哪个意见最好或者最正确，而在于坦诚地交流，共同找到解决方案。为了避免我们被自己的情绪所左右，偏离客观论证的层面，你可以邀请第三者作为观察员参与讨论，如有必要，他还可以发表简短的反馈意见。

向批评者开诚布公地请教需要信任。我们要信任自己，同时还要信任对方。做到这一点绝非易事：我们很少能够信任那些与我们观念相左的人。例如，在向他人请教一些私人问题的时候，就会出现这样的情况。大部分人都不愿意和不熟悉的人谈论跳槽的事。这里有一个小技巧可以帮助你。你可以请一个朋友和你模拟一次这样的谈话。即使他本来和你意见一致，他也要在对话中提出不同意见。这样你就可以发现，若想得到启发和建设性意见，前提是必须有一个彼此信任的环境。

我们可以从军队那里学到什么？

    企业的决策过程极其复杂，并且参与者人数众多。因此，为了提高决策效率，批评者应该有组织地参与其中。其中一种方法是所谓的"红队蓝队法"，这种方法可用于耗时几小时的研讨会。红队蓝队法是一种起源于军队的方法，现在仍被美国海军陆战队使用。该方法的要点是组建两个不同的团队，他们分别从不同角度思考解决问题的方案或者相互之间展开竞赛。但是他们的目标是一致的，那就是找到最好的解决方案。红队承担批评者的角色。在美国海军陆战队中，红队的主要作用是让指挥官充分了解作战计划的方方面面以及所有可替代方案。因此红队故意按照敌方视角采取行动。蓝队则按照己方的视角分析问题。在随后的讨论中，双方在战术动机和行动建议上通常会有巨大分歧，但是这些分歧却极具启发性。

    企业做决策的时候，可以成立两个小组。每个组分别讨论解决问题的方案，蓝队从公司的角度寻找解决方案，红队主要从外部因素的角度讨论解决方案。双方可以假设公司被卖给了竞争对手。这样的设想对决策很有帮助。现在双方需要回答以下几个问题：公司在出售后会有哪些调整？新企业主会如何考虑这个问题？他们会如何解决这个问题？讨论双方需要尽量让自己的思路摆脱已有的规则、熟悉的过程或以前的思路，尝试从不同的角度分析问题。接下来，让两个小组分别介绍自己的解决方案，展示内部分析的结果，讨论不同意见。所有参与讨论的人应当尽量理解对方的观点，并与之达成共同的解决方案。

这种军队采用的方法已被证明在企业实践中同样有效。例如，德国能源企业莱茵集团（RWE）在讨论企业战略的时候就采用了这种方法，并最终实现了集团拆分，其子公司 Innogy❶ 成功上市。Innogy 的一位高管在接受采访时特别强调了这一决策方式的好处。在他看来，这种策略可以帮助企业董事会在讨论企业战略时更加公开地

---

❶ Innogy 是德国莱茵集团旗下的子公司，2016 年被意昂集团（E.ON）收购。

讨论不同意见，并更快地将这些意见纳入决策过程。他认为这有助于迅速达成对各方都有利的决策。

虽然我们和批评者进行讨论，但这并不意味着我们最终必须改变自己的想法。这个方法的重要性在于了解对方的观点，并试图去理解他们。另外，这种方法也有助于启发我们产生新的想法，为我们的决策打下更宽泛的基础，以便最终找到更好的解决方案。正如爱因斯坦所言："向新思想开放的大脑永远不会像曾经那样渺小。"

"好吧，撤出波兰市场！"在和大学同学讨论之后，保罗坚定了自己的想法。这是一个痛苦的决定，公司上上下下的员工肯定会因此心情沮丧，但是这一步是必要的。还有其他解决方案吗？有没有人会对这一决策持不同意见？也许保罗没有意识到企业留在波兰市场的好处？

幸运的是，保罗的公司里有一名同事，此人是波兰市场的主管，对波兰市场非常了解，同时坚定地认为企业应当留在波兰市场。保罗从这位波兰市场主管那里肯定不会听到撤出波兰市场的建议。于是，保罗给这位同事打了一个电话。果不其然，保罗在电话中听到了许多相反的意见。这名波兰市场主管认为，波兰将是欧洲未来增长最快的市场。从地理上看，波兰分公司距企业总部所在地柏林并不遥远，而且波兰的经济增速远远高于德国。波兰消费者的购买力虽然暂时无法与德国消费者相提并论，但是他认为这一点会很快发生改变。这名波兰市场主管认为，公司目前急需加大对于波兰市场的投资，这在企业战略上至关重要。在他看来，公司一旦在波兰市场行动懈怠，拱手把这样一个市场交给竞争对手，那么未来将再无翻身的机会。

保罗非常理解这些意见，但是仍旧心存疑虑。他认为，如果公司的德国市场持续发展，而且现有预算继续增长，那么也不排除公司今后再次进入波兰市场的可能。

要点 ｜ POINTS

如何对批评者保持开放的态度？

● 把不同意见纳入决策程序。这并不意味着自己不如他人。

- 主动接近潜在的批评者，向他们征求意见。

- 和批评者讨论问题时，要充满好奇心，无须害怕。

- 写出五个你认为能证明批评者意见的理由。

哪些问题可以确保你把对方的反馈意见真正纳入决策过程？

- 诚实地问自己：你是希望得到一个好的决策还是只想保留自己的看法？

- 在决策的最初阶段，思考一下：谁会反对你的决策？他们反对的理由是什么？

- 你的讨论对象如何形成他现有的观点？原因是什么？

- 对方提出的意见中，有哪些你一直没有注意到？

- 你应当把批评者的哪些观点和批评性意见纳入你的决策过程？

四、检验自己的想法

> "每次决策时，我只想一件事：如何控制亏损的风险？"
>
> ——理查德·布兰森（Richard Branson），
>
> 维珍集团创始人

到目前为止，我们已经相对全面地考虑了决策方向，确定了问题所在，还和顾问们进行了卓有成效的讨论。

保罗在与各领域的顾问和批评者讨论之后，他面临的情况变得愈加清晰。尽管他的大学同学建议他撤出波兰市场，而波兰市场主管更倾向于保留波兰市场，但保罗对双方的意见做出评估后，更倾向于退出波兰市场，并将公司的预算集中在德国的业务。

即使决策过程进行到这个阶段，也还是不要过早做决策。我们往往喜欢尽早决策，这样会给我们一种掌控整个决策的快感。可是这种感觉往往具有欺骗性。我们周围的世界是复杂多变的，我们可以掌控的远比我们想象的要少。生命中的缘分非常重要，而且会产生意想不到的效果。美国女演员朱莉娅·罗伯茨（Julia Roberts）如今享誉世界，她是一位超级明星。然而，如果当年女演员桑德拉·布洛克（Sandra Bullock）答应出演电影《风月俏佳人》（Pretty Woman）女主角，那么罗伯茨就永远不会成为那位 20 世纪 90 年代风靡影坛的"俏佳人"，因为当时电影剧组首选的女主角是布洛克。

这类巧合通常对我们的决策没有影响。比较麻烦的是那些造成负面影响的巧合事件。我们通常会低估它们的存在，将它们完全排除在决策过程之外。我们往往高估自己控制负面事件的能力。

这就是所谓的"控制幻觉"，它会让我们在决策时忽略一些重要的意见。如果我们能够有意识地用批判的眼光审视自己的意见，那么我们就能减少决策过程中的控制幻觉，做出更好的决策。事实上，我们无法发现所有影响决策的负面因素。我们必须意识到自己无法掌控所有的事情。但我们应该在脑海中设想一下决策可能带来的负面影响。否则，我们就有可能忽视这些负面因素。

我们无法掌控一切

想象一下你正在做一个游戏，如果你赢了，就会得到一部最新的苹果手机。如果输了，你什么也得不到。游戏过程如下：你和一个对手比赛（例如和我比赛），每人只有一颗骰子，连续掷三次，掷出六点多的选手获胜。请问，你会在这个游戏中使用什么策略？

我们大部分人可能会说，使用什么策略完全不重要，因为掷出六点完全靠运气。的确如此。但在玩大富翁游戏的时候，许多人好像都有自己掷骰子的策略。有的人使劲掷，有的人轻轻掷。如果有可能，有些人甚至还靠盒子边的反弹力来帮忙。

在游戏中掷骰子的这些举动，充分反映出人们如何被控制幻觉所左右。掷骰子的结果完全是随机的。但是总有人认为自己可以通过某种策略或技巧战胜这种偶然性，控制结果。我们经常会发现，人类对于偶发事件的控制欲无所不在。

我们都熟悉电梯里的关门键。很多人非常喜欢按这个按键，为了让电梯门早关闭几秒钟，他们进了电梯后就立刻按下这个按键，而不是等待电梯门自动关闭。控制电梯按键给了我们一种非常良好的感觉，似乎我们可以掌控一切。也许情况并非如此？事实上，大部分关门键根本不起作用。按关门键其实是徒劳的。所以你下次在电梯里不停按关门键时，一定要想到这一点。很多时候，是我们大脑中的控制幻觉在作怪。

掷骰子和按电梯按钮是两个非常有趣的例子，我们从中可以看到控制幻觉在日常生活中如何影响我们的行为。有时，这种幻觉对我们的负面影响很小。在某些情况下，控制幻觉甚至可以产生积极的效果，因为它可以减轻压力，让我们自我感觉良好。

然而，对于一些重要的决策而言（例如我们退休时应该如何管理自己的财务），控制幻觉可能会产生非常负面的影响。此时，控制幻觉引发的后果要严重得多。例如，在储蓄投资时一旦高估了自己对未来偶发事件的管控能力，我们就要承担更大的风险。此外，常常自视甚高、过于自信会让我们忽视了决策可能产生的负面影响。简而言之，我们在做一些重要决策时会产生控制幻觉，它会使我们高估决策带来的积极影响，忽视其负面影响。

伦敦商学院的两位科学家最近做了一项实验，实验结果很好地证明了这一现象。实验参与者花一美元购买一张彩票，一组参与者会得到机选彩票号码，而另一组参与者可以自己选择彩票号码。从理性角度看，自选号码对于判断是否能够赢得彩票毫无影响。然而事实恰恰相反。当参与者被要求为他们出售手里的彩票出价时，自选彩票号码明显卖得更贵。尽管人们在机选和自选情况下赢得彩票的概率是相同的，但是在允许自选彩票号码的那一组中，参与者期望自己彩票的平均售价为 8.67 美元，而在另一组中仅为 1.96 美元。我们在做出重要决策时，应当减少这种夸大和不切实际的乐观情绪。

当然，思考决策带来的积极影响也非常重要，但这不应成为我们唯一的关注点。通常情况下，我们会自然而然地考虑决策产生的积极后果，而由于控制幻觉的影响，我们对决策产生的负面效应往往视而不见。我们可以借助一个很简单的方法使两者达成平衡，并确定我们确实已经考虑到了决策带来的负面影响。压力测试可以帮助我们检验我们的决策过程。

为决策做压力测试

思考决策带来的负面结果是一件不容易做到的事，尤其当问题涉及未来的一些情况时就更是如此。为了使决策能够做到兼顾各方利益，我们必须要考虑决策可能带来的负面影响，这点至关重要。我们可以借助压力测试打开我们的思路，让自己敏锐地发现决策中可能出错的地方。这个方法非常简便，通常不超过30分钟。我们在决策之前就可以进行压力测试。这样我们就可以尽早思考决策可能带来的负面后果，并做出积极应对。

这种方法的关键在于一个简单的技巧。这个技巧可以使我们的大脑更自由、更开放地思考决策带来的负面后果，并且不会被控制幻觉带入过分乐观的思维方式中。我们只需要设想一下，我们的决策和由此产生的项目将来全部失败了。现在，我们必须思考导致失败的原因。我们可以向自己提出几个具体的问题，如："哪里出现了失误？"注意，不要模棱两可地问："可能有什么样的失误？"决定我们思维方式的是一些具体的问题。如果我们设想决策会失败，内心就不再会坚信一切都会成功。这样，我们就可以打破思想的障碍，更加开放地思考决策的负面后果或可能失败的原因。分析问题只需完成五个简单步骤：

步骤一：设想你的决策完全失败。

步骤二：花五分钟时间，写下导致决策失败的原因。

步骤三：为了避免失败，为每个原因列出应对措施。

步骤四：评估这些措施是否可行。

步骤五：把最重要的措施纳入实施计划。

例如，你现在正在考虑应该自建房屋还是买房子，你决定自建房屋。在压力测试的第一步中，你可以设想这个决定是完全错误的。三年后，你的房子还没有完工。你必须继续租房住，直到房子最终完工。此时，你已经有孩子了，房子显得太小。此外，这座房子的造价比原计划要高得多，已经比预算多花了 15 万欧元。看起来，这个项目并没有按预期进展。

在第二步中，你可以罗列出导致决策失败的原因。一定要思考出了什么问题，而不是可能出什么问题。例如，建房过程中出现了施工问题。窗户不合适，浴室配件安装不正确。所有这些都导致了施工成本大幅增加。另外，罕见的严冬也延缓了施工进度，令房屋设计师的一些想法很难付诸实践。此外，这次自建房也考验了你的婚姻。你和妻子一直争执不休，主要矛盾在于要不要你自己亲自参与。最终，你瓷砖铺得不好，最糟糕的是你几乎没有休息的时间。因为你的业余时间全都花在了建房上。最后，你决定由专业装修公司来完成本来计划自己动手完成的工作。找到一家合适的装修公司又花费了你大量时间，这再一次增加了建房的预算。

借助以上过程，你现在可以完成压力测试的第三步，即分析哪些措施可以预防决策失败。例如，你可以考虑预制装配式房屋。由于其本身施工特点，这种房屋几乎不会造成施工延期。此外，你还可以提前安排时间来监督施工。也许你应该更务实地评估自己的动手能力。

最后，你可以评估一下这些措施是否现实。如果答案是肯定的，那么你就可以坚持自建房的决定。你还要考虑如何实施这些措施。例如，你可以延长竣工的缓冲时间或在与建筑公司的合同中增加赔偿条款。但是，如果你的结论是这些措施无法实现，或者你无法控制整个工程，那么你就应该重新考虑这个决定。在这种情况下，买房也许是更好的选择。

简而言之，压力测试可以帮助我们检验自己的决策，并发现我们容易忽略的负面后果。集体做决策时，我们也可以运用压力测试。

压力测试的主要作用是将批判性观点纳入决策讨论中。企业在做决策时，许多参与决策的人往往故意隐瞒自己的不同意见。在大多数情况下，这与他们担心个人得失有关。许多人无法客观地接受批判性的观点。他们认为自己受到了冒犯。因此，讨论中持批评观点的人很快就会被同事视为故意阻碍计划实施的人或者是一个悲观主义者，一个不相信公司愿景、不属于团队、不认同公司理念的人。令人遗憾的是，持不同意见者落到如此下场，只是因为他们希望发现决策可能造成的负面结果，并把这些结果付诸讨论。

压力测试可以让人们毫无顾忌地表达批评的声音。因为我们已经设想决策和由此产生的项目都已经失败了，至少在讨论阶段是如此。在此情境下，发表批评意见和揭示失败原因往往被认为是建设性的做法。这样，员工可以尽情表达不同意见，而不必承担任何风险。一旦通过了压力测试，你就可以确信，这次决策是基于全面而平衡的分析做出的。

对保罗来说，为他的决策进行一次压力测试应该非常有用。他想确保自己没有犯错，并希望自己的决策最终不是一个完全错误的决策。因此保罗完成了压力测试的五个步骤。

首先，他设想自己的企业撤出波兰市场，并将全部注意力集中在德国市场是一个错误的决策。五年后，企业倒闭了。好了，别担心，这只是一个压力测试而已。

然后，保罗花了五分钟时间写下来所有导致失败的原因。例如，刚做完决策，德国就进入经济衰退期，人们不愿意花很多钱购买运动鞋。尤其是类似保罗这样的企业生产的名牌运动鞋的销售受到经济衰退的极大冲击。投资者也越来越多地撤出了市场。保罗在德国市场迅速扩张的计划也失败了。商品库存增加，只有通过高折扣才能实现销售。企业资金告急，公司即将倒闭。

失败的原因很快找到了：企业在德国市场的扩张过于激进。保罗无力改变整个德国的经济局面。应对这一问题的唯一途径是在德国以外地区开展强有力的业务。但这项业务必须有赢利能力。为了在压力测试中取得成功，保罗需要一个成功的外国市场或者在德国市场推行温和的扩张战略，在这一战略中，公司必须有足够的资金来应对可能的经济衰退。

随后，保罗对这些措施进行了评估。企业能在国外市场取得成功当然很好。可是保罗认为，波兰市场无法发挥这一作用。在可预见的未来，自己的企业将在波兰承受巨额亏损。然而，通过撤出波兰市场，公司的财务状况可以得到明显改善。压力测试表明，撤出波兰市场的决定将降低企业亏损风险，而不是增加亏损风险。他将有更多的资金用于企业在德国市场的扩张，因为拥有更充足的预算，企业还可以更好地应对可能出现的经济衰退。

要点 | POINTS

检验决策的步骤：

- 一定要考虑到偶发因素所带来的负面效应，正确评估自己的能力。

- 设想一下你的决策失败了，然后问问自己失败的具体原因是什么。

- 在集体决策时要允许别人提出批评意见，不要对不同意见立刻做出评价。

检验决策时需要提出的问题：

- 我是否过于乐观？

- 我是否考虑到了决策可能带来的负面影响？

- 我是否把别人工作上的不同意见视为对自己的冒犯？

五、通过睡眠获取灵感

"今晚我要睡个好觉。"

——亨利·福特（Henry Ford）

民间似乎一直有一个古老的说法：睡梦能够使人得到灵感。这个说法的背后隐藏着很多秘密。神经学的最新研究表明，睡梦确实有助于我们改善决策过程。睡眠有助于我们获得关于决策的一些信息。在这个过程中，我们运用了潜意识思维。有时，在睡梦中，我们的大脑可以更好地处理信息，使我们的决策更具创造力。

你知道吗？滚石乐队（The Rolling Stones）的名曲《无法满足》（*Satisfaction*）的核心部分是在乐队成员梦醒后创作出来的。乐队吉他手基思·理查兹（Keith Richards）正是在睡梦中获得了前奏的灵感。

理查兹睡觉时总是带着吉他和录音设备，以便醒来时立刻记录下睡梦中产生的灵感。保罗·麦卡特尼（Paul McCartney）也曾说过，《昨天》（Yesterday）这首歌的旋律也是在他睡醒后创作的。我们在睡梦中可以尽情施展我们的创造力。

我们通常会认为决策过程是一个有意识的过程。我们总是认为，要获得好的决策结果，我们只需花时间认真研究就够了。的确，正如前几章所示，这些思考过程和分析过程也是非常重要的，但它们还不是全部。

之所以如此，是因为许多重要的思维过程都是在潜意识中进行的。我们无法影响或控制这些过程。然而，正如我们将在本章中看到的，它们在开发创造力和解决复杂问题方面发挥着关键作用。

我们可以轻松快速地将潜意识思维过程融入决策过程中。我们只需要给自己一点时间让潜意识发挥作用。

借助潜意识，我们可以在短时间内重新评估信息、做出决策。所有这些都不需要我们花费气力，也不需要我们绞尽脑汁地思考。睡眠在这方面发挥着重要的作用。

我们的潜意识远比想象的更强大

人类的许多思维过程都是在潜意识中进行的。一般情况下，即使我们没有在聚精会神地思考，也能凭空获得一些灵感。这些无意识的过程对提高我们解决问题的能力至关重要。

阿姆斯特丹大学的一项研究表明，潜意识的思维过程能够对发挥创造力产生积极的影响。在实验中，参与者需要完成几种具有创造性的任务。其中一项任务是为一种意大利面的品牌开发新名称。实验参与者被分为三组。第一组立即开始着手完成任务，第二组参与者则被要求花五分钟时间认真讨论该产品的新品牌，第三组参与者则被要求花五分钟讨论一个与此完全不同的问题。研究结果令人意外。一开始没有考虑过这个问题的第三组为新的意大利面品牌提供了迄今为止最具创意的解决方案。因此，如果我们想在决策中充分发挥创造力，就应该给自己一点时间去处理一个完全不同的问题。这对于一些重要决策十分有效，例如你今后的职业规划。有时，我们可以通过潜意识思维过程获得通常完全想象不到的全新解决方案。

为了了解无意识思维过程如何提高我们解决问题的能力，科学家们做了一项研究，试图发现这种思维过程如何影响我们在购房时的决策过程。考虑买房是一个非常复杂的决策过程，大多数人一生只会经历一次。人们在购房时需要考虑多种因素，例如价格、位置或装修等。购房决策会对我们今后的生活产生深远和长期的影响。买房往往还伴随着融资行为，所以必须考虑周全。直觉上，我们会认为，只有有意识的思维过程才能在购房的决策过程中发挥作用。我们通常认为，在做如此重要的决策时，我们不应该被我们的潜意识所左右，而应该通过纯粹的理性分析做出决策。

可是科学家们在对于人们购房时的决策行为进行分析后，却发现实际情况与我们想象的完全不同。为了让潜意识发挥作用，有些购房者故意很长时间不思考买房这件事。他们最后做出的决策往往要好于那些一直不停思考买房的人的决策。

许多研究的结果表明，潜意识思维过程的作用不容小觑，尤其是在那些复杂的决策过程中。所以，让我们充分利用潜意识思维吧！

在你下次准备购买新家具或做出事关职业生涯的重要决策时，你可以暂时停止思考，让潜意识发挥作用。

有意识地分散自己的注意力

潜意识能对我们的决策产生积极影响，其主要原因在于它具备自动评估过程，该过程能够帮助我们组织和分析复杂的信息。

大脑中的这些思维过程是很难想象的，但我们可以非常轻松地将其运用到我们的决策过程中。

我们只需要暂时分散一下自己的注意力。最有效的方法是做一些体育运动，也可以是一些必须专心致志的游戏活动，例如国际象棋或围棋这样的棋类游戏，玩玩电脑游戏也可以。即使是在手机上玩一会儿俄罗斯方块，也能分散我们的注意力，这样能使我们的潜意识有足够的空间来改善我们的决策过程。

有时候，让自己休息一下、放空自己的大脑也是一个不错的办法。例如，我们经常会在淋浴时产生一些灵感，而淋浴时我们一般不会专门思考问题。

就像在睡梦中一样做出决策

想要利用潜意识的力量做决策，还有一个最有效和最轻松的方法，它非常容易实施：那就是你只需为此睡一觉。睡眠能够对决策产生积极作用，这是一个早已为人所知的事实，并成了一种真正的民间智慧。这种认知几乎存在于每一种语言中，英语、法语或者斯瓦希里语中都有类似"梦中得灵感"这样的谚语。

事实上，神经学领域的最新研究也确实证实了人类这种古老的认知。

美国加州大学伯克利分校的马修·沃克教授（Matthew Walker）在其《我们为什么睡觉：关于睡眠与梦的新科学》（*Why We Sleep: The New Science of Sleep and*

Dreams）一书中分析了睡眠对人类决策过程的影响。该书最主要的观点是，睡眠有两个重要作用，它们能帮助我们做出更好的决策：一方面，睡眠有助于我们更好地调节自己的情绪。这样，我们在决策时就能较少受到情绪的影响，不会做出冲动的决定。睡眠的第二个重要作用是能够提高解决问题的能力。

这两种影响主要来自睡眠的一个特定阶段，即所谓的"快速眼动睡眠"（REM）阶段。睡眠的这个阶段也是我们做梦的阶段。此时，睡眠会引导我们处理一些情绪方面的体验，尤其是帮助我们减少恐惧或愤怒等负面情绪。这一现象早已在许多研究中得到证实。

例如，科学家曾经做过一项研究，实验中，参与者必须观看一些令人情绪激动的视频，然后，科研人员会分析他们如何做出反应。参与者被分为两组。一组参与者分别在早晨和晚上看了这些令人情绪激动的视频，其间没有睡觉。另一组参与者先在晚上观看视频，然后睡觉，第二天早上再次观看这些视频。很明显，中间睡过觉的那一组参与者对再次观看视频的反应明显没有那么情绪化。睡眠有助于调节我们的情绪，减少情绪化的反应。

　　睡眠对于重大决策至关重要。正如我们已经看到的，我们的情绪——无论是积极的还是消极的——都可能导致我们做出错误的决策。因此，无论是我们对新工作的过度期待，还是对职业转变的恐惧都会影响我们的思维过程。虽然我们无法完全摆脱情绪的干扰，但做决策之前好好睡一觉的确能减少情绪对我们决策过程的影响。睡眠有助于我们在做出重要决策时保持冷静的头脑。

　　此外，睡眠还可以提高我们解决问题的能力。德国明斯特大学的乌尔里希·瓦格纳（Ullrich Wagner）教授已经成功地证明了这一点。在他的一项试验当中，参与者必须完成一个复杂的数学任务。有一个小窍门可以让他们更快地完成任务。参与者们为了找到这个小窍门，必须细致地分析他们需要完成的任务，并反复练习。参与者们被告知可以在实验中稍作休息。那些打了个盹的参与者明显能够更好地做到这一点。他们中 60% 的人都发现了这个小窍门。与此相比，没有休息的参与者中只有 20% 的人做到了这一点。因此，睡眠有助于我们处理信息和识别任务模式。

我们无论是买车还是评估新的工作机会，整合大量的复杂信息至关重要。睡眠能使我们增强这种能力，而不必为此身心俱疲。这一切只是发生在我们的睡梦中。

做梦有助于我们做决策

我们的睡梦似乎在决策中发挥着特殊的作用。哈佛大学医学院的罗伯特·斯蒂克戈尔德（Robert Stickgold）教授通过实验表明，睡梦能够帮助我们学习，从而提高我们做出决策的能力。为此他专门做了一项实验，参与者必须在一个迷宫中寻找出口。实验过程中有各种辅助辨别方向的标记（如一棵圣诞树），以帮助参与者在迷宫中辨别方向。

所有实验参与者要先走一遍这个迷宫，并记住通往出口的路径。然后，一半参与者睡了 90 分钟，而另一半则没有睡觉。那些睡觉的参与者从睡梦中被反复叫醒，并询问他们是否梦见了什么。最后，所有参与者都必须再次穿过迷宫。

实验的结果令人十分惊讶。那些认为自己在被叫醒时梦见了迷宫的人走出迷宫的比例是睡梦中没有梦见迷宫人的 10 倍。因此，我们梦见的内容对于解决问题的效果十分重要。我们在睡梦中也可以处理日常问题和应对日常挑战，睡梦可以帮助我们归纳信息和评估信息。

所以，如果我们面临一个重要的决策，不妨先睡上一觉，我们有可能会梦见决策的过程。即使它可能不是一个好梦，但潜意识的信息处理方式有时也有助于我们做决策。

如果决策过程有严格的时间要求该怎么办？即使如此，我们也可以尝试利用潜意识的优势。不要整天思考应该如何做决策或如何解决具体问题。相反，你应当去进行体育锻炼或者玩一个挑战大脑的游戏。你也可以只是在手机上玩玩儿俄罗斯方块这样简单的游戏。总之，我们要让自己头脑中的潜意识运转起来。

保证充足睡眠

我们应当充分利用睡眠给决策带来的积极影响。充足的睡眠能够提高我们的决策能力，我们工作起来就会更有效率，就能更集中精力于工作和决策上。相反，睡眠不足会影响我们决策的成功率。哈佛大学神经学家乔斯娜·阿杜斯米利（Josna Adusumilli）发现，连续12天每天只睡6小时会严重影响我们的工作效率，这就好像连续24小时不睡觉或喝了好几杯酒一样。

所以，请保证每天晚上能够睡足专家建议的七到八个小时。如果你无法做到这一点，或者你白天觉得十分疲倦，可以睡一个短暂的"充电觉"，也就是小憩20分钟左右。这种短暂的休息通常足以令你再次精力充沛。我们知道，在小憩的这段时间里，我们的潜意识为我们做了许多重要的事情。

压力测试的结果对保罗来说非常具有启发性。然而，整个过程令他筋疲力尽。保罗脑子整天只想着这一件事。

现在做决策毫无意义。他觉得自己最好放下手中的一切，出去跑一圈。

第二天早晨淋浴的时候，保罗突然眼前一亮。他认为企业应该首先在德国市场站稳脚跟，这远比赢得波兰市场重要。在德国，有限的广告预算可以取得更好的效果。企业在波兰的业务很可能成为一个无底洞，这个风险太大了。这最终将威胁到这家初创企业在德国的竞争力。压力测试还表明，为企业在德国市场提供更多资金可以减少经济衰退带来的负面影响。但是还有一个问题：员工们应该如何安置呢？

要点 | POINTS

利用潜意识进行决策的步骤：

- 暂时把决策放在一旁，转移自己的注意力，不再去思考有关决策的问题。
- 第二天再做决策。
- 尝试每天晚上睡 8 小时。

利用潜意识决策时需要提出的问题：

- 上一周我睡眠充足吗？

- 我能否在第二天做决策？

- 我有时间睡个"充电觉"吗？

六、设想决策五年后的结果

> "不要思考可能失败的事，应当思考那些可能成功的事。"
>
> ——托尼·罗宾斯（Tony Robbins），
>
> 职场导师、企业家

很多时候，我们已经深入思考了我们的决策，考虑了各方面的不同意见，但是我们仍然会推迟做决策，我们的内心有时会突然七上八下："这真的是一个正确的决策吗？"我们担心自己做的决策是错误的。因此，有时我们宁愿不做决策。设想一下，你准备换一份新的工作，并已经为此深思良久。你本来很有把握接受这份新的、充满挑战性的工作，并且已经做好了决定。但是突然间，一种担心和怀疑的情绪开始在你的大脑中蔓延：如果我将来不喜欢这个工作怎么办？我的同事对此会有何看法？

我现在的工作难道不是挺好的吗？这种怀疑的情绪通常会让你放弃本来决心要做出的决策。

缺乏决策意愿会使我们错失良机，并且推迟必须要做的决策。讽刺的是，我们往往因为害怕做出坏的决策而失去了做出正确决策的机会。

我们一方面应当仔细分析决策可能带来的负面后果，另一方面还要设想它们产生的积极影响，并把两者进行综合考虑，这样我们就不会产生决策失败的恐惧感，从而能更加自信地做出决策。

决策意味着改变

我们做的每一个决策都意味着改变。如果我们不做决策，那就是一切照旧。其实一切照旧也是一种决策，即我们决定保持现状。

想象一下，你继承了一笔 100 万欧元的证券投资组合。这真是一件美事，不是吗？虽然你很愿意试着投资资本市场，但是迄今为止你还没有做过大额投资。你现在面临如下几种投资机会。

1. 你保留目前的投资组合方式，并继续将资金投资于当前的投资组合，即股票、债券和现金各占三分之一。

2. 你投资一个风险较高的投资组合，其中股票占大多数。

3. 你投资一个风险较低的投资组合，其中债券占大多数。

4. 你投资一个风险较低的投资组合，其中现金占大多数。

你决定采用哪种投资方式呢？可能是第一种。因为这种投资组合与其他选项之间的最大区别在于，选择第一种投资形式，你只需保持现状，而不必做出任何改变。这样我们可以规避变化可能导致的负面后果。我们选择了最简单的方式，即维持现状。

在生活中的其他领域，我们也可以看到很多人偏爱维持现状。例如，德国人在买第二辆车的时候，近70%的人仍旧选择同一品牌的汽车。还有，我们每天都在按部就班地生活。我们吃同样的早餐，走同一条路去上班。

我们不喜欢变化，因为变化意味着不确定性，而尝试未知事物可能会带来一定的风险。

因此，人们通常不愿意做一些重要的决策或者总是推迟做决策。我们喜欢保持舒适而熟悉的现状，尽量避免生活中出现变化。然而，我们没有考虑到的是，维持现状也是一种决策。即使我们认为自己没有做出决策，实际上我们已经做了决策，即决定维持现状。

喜欢保持现状是一件再正常不过的事，这可以用另一种心理学现象解释，那就是我们都不愿意冒险。我们担心决策失败，因此我们宁愿不做决策。

担心决策失败是成功决策的绊脚石

我们在面对重要的决策时，往往不愿意犯错。我们常常想象决策失误带来的负面后果有多么严重，过于放大其负面影响。例如，在考虑是否要到另外一个城市工作时，我们首先考虑的也许是这样做有哪些坏处。比如，我们可能不喜欢这个新城市，我们和朋友失去了联系，也许在试用期结束前，我们就被解雇了，令我们在经济上陷入困境。

当然，我们在做决策时应该考虑到这些因素。可是许多人更倾向于认为决策可能带来的损失远远高于它可能带来的收益，例如吸引人的新工作、更高的收入、结交新的朋友（这对我们现有的朋友圈是一个很好的补充）、令人兴奋的工作环境和友好的同事。当这些因素同时呈现在我们面前时，我们通常更关注负面因素。即使我们在某些情况下喜欢高估自己的能力，但是一般情况下我们不喜欢冒险。

丹尼尔·卡尼曼在其著作《思考，快与慢》一书中，借助一个简短的心理游戏描述了这种决策中的两难情景。

想象一下，我们两人参加一场赌注游戏，我抛一次硬币，你有百分之五十的机会赢得一笔钱。但是如果你输了，你必须给我 100 欧元。你觉得这笔钱要有多少你才愿意参加这次赌注？

大多数人的答案在 200 欧元至 300 欧元之间。我们讨厌输钱甚于喜欢赢钱。否则，我们本可以接受比较小的赌注获胜金额，例如 110 欧元。这个简单的游戏表明我们更喜欢规避风险。当然，这个问题的答案也在一定程度上取决于个人的财务状况。然而，这场赌注游戏中人们可能的损失与必须获得的利润两者之间的比率始终保持不变。

如果你邀请一个大学生参加同样的赌注游戏，条件是他输了需支付 10 欧元，那么这个学生心理的预期获利为 20 欧元至 30 欧元之间。损失和获利之比在两种情况下是完全一样的。因此我们可以说，我们对于损失的评估是获利的两到三倍。

在做一些重要的决策时，我们更重视风险，而不是机会。无论我们对一个决策思考了多长时间和多深入，对我们来说，损失带来的风险往往大于决策可能带来的收益。

在企业里，这会导致没人愿意提出潜力巨大的创新解决方案，这类方案通常伴随着较高的风险。没人愿意为可能产生的损失负责。新的产品和想法因此被搁置，公司的中长期发展将会遇到很大的问题，因为它不具备开发创新性产品的渠道。正如柯达公司一样，这家老牌胶卷生产企业正是因为错过了数码相机革命而最终破产。

我们偏爱维持现状、厌恶风险，因此，我们不愿立即做决策，而宁愿继续收集信息，推迟本来立刻要做出的决策。你也许就是这样，其实这样做的并不只是你。

我们可以尝试不要过高估计损失，并把损失放在整体收益率中进行评估，这样我们就会逐渐消除过于看重损失的心态。我们一定要抓紧时间。

让决策保持平衡

你应当以平衡的心态看待决策，不要总想着决策可能带来的各种风险。诚然，许多人在做决策的时候都相信，这个决策将彻底改变自己的生活。但是你稍微想一下，大部分决策在五年后产生的影响都不会像我们当时设想的那么大。

即使我们的决策有时会带来很大的风险，我们也可以在事后修正。例如你可以辞去新工作、转卖被收购的公司，或者在最坏的情况下关闭公司。你可能在经济上有所损失，但你可以通过其他方法来弥补这些损失。因此，我们需要改变看待决策的角度。这样的话，决策可能带来的风险似乎没有想象中那么大。

苏西·韦尔奇（Suzy Welch）在她的《10-10-10：一个改变生活的想法》（*10-10-10: A Life Transforming Idea*）一书中介绍了一个简单的方法，借助这个方法，我们可以从正确的角度看待自己的决策。韦尔奇曾任《哈佛商业评论》（*Harvard Business Review*）的主编，同时也是一名商业顾问。她开发了一种快速有效的方法，以分析决策真正会产生的影响，这就是所谓的"10-10-10"法。这个方法包含了三个问题。借助这三个问题，你可以看到决策在不同时间点可能产生哪些影响，并能够正确看待自己的决策。这三个问题是：

- 我的决策在 10 分钟后会有何种影响？
- 我的决策在 10 个月后会有何种影响？
- 我的决策在 10 年后会有何种影响？

这三个问题有助于你了解自己的决策，减少可能产生的内疚感，并克服自己因为害怕做出错误决策而产生的恐惧感。即使一个决策在 10 分钟后产生了负面影响，那么它在 10 个月后将不再引起人们的关注。当你 10 年后回顾这个决策时，你可能还会为现在做过这个决策而感到高兴，或者你压根儿不记得做过这个决策。许多我们认为会从根本上改变我们生活的决策在现实中往往不如我们想象的那么重要。这些决策常常在一个月后就被遗忘。

想象一下，你在工作中一直非常努力，并且取得了不俗的业绩。你还想进一步发展自己的事业。尽管我们有这样的愿望，但是我们往往选择按兵不动，等待时机。我们会认为，有机会时，老板会主动来找我们的。我们总是选择维持现状，而不是下决心去主动拜访上级领导，具体向领导咨询有没有什么发展机会或合适自己的岗位。毕竟，你如果这样做，可能会被认为你要求太多，从而毁了自己的事业。如果在这种情况下使用"10-10-10"法，你很快就会发现决策并不是一件难事。

和老板交谈完 10 分钟后，我们会觉得心情不错，内心一片轻松，并且为自己的举动感到自豪。我们可能从老板那里得到很好的反馈，或者我们了解到，从长远看，自己在公司里没有升职的可能。那么我们就可以给自己重新做规划，尝试在别的公司寻找更好的机会。

在和老板交谈了 10 个月后，我们也不会后悔和老板做了这次谈话。要么我们已经得到了自己中意的职位，要么我们已经了解到别人如何看待我们和我们在公司里的作用。

在和老板交谈了 10 年后，我们当时所做的决策已经不再重要了。我们要么对于自己在公司里的工作很满意，要么正在迎接一个全新的挑战。

我们虽然时常对决策造成的短期影响心怀恐惧，但是我们不应放大这种恐惧感，而是应当综合考虑我们的决策。这样，我们做任何决策都会更加积极主动。

这种方法还有另一种变化形式，同样有助于为决策提供正确的视角。通常情况下，思考决策的具体效果过于抽象。你可以稍微改变一下，转而思考自己的感受。具体来说，你可以问自己："10 分钟后我会对这个决策有什么感觉？10个月以后呢？10年以后呢？"人们对于这些问题的回答通常都是："感觉很好，心里轻松多了。"

本就只是一个小决策

我们在做重要决策时，必须要考虑到可能出现的风险，这一点毫无疑问。

但是我们有时候太较真了，这种心态不由自主地进入到我们的决策过程当中。为了消除这种心态，我们可以了解几个数字，它们能够赋予我们全新视角来看待我们的决策。这样，我们和决策之间可以保持一定的距离，决策给我们带来的负担也有可能减少。

请你记住下面这些数字：地球上的人口即将达到80亿；地球只是太阳系的一颗行星；离我们最近的行星之一是水星，它距离地球约2亿公里（取决于年份和季节），这是从慕尼黑到东京航线里程的20000倍；冥王星是太阳系边缘最远的行星，它距离地球50亿公里，是从慕尼黑到东京距离的50万倍；我们所在的太阳系是银河系的一部分，银河系是大约 1 万亿个已知星系之一（是的，你没听错：1 万亿个）。

通过一个小练习，你可以利用这些数字做出更好的决策：现在把眼睛闭上一会儿。想象从你的上方看到你自己和你当前的位置。现在想象一下，你自己变得越来越小，就像一台摄像机从上面拍摄你，而摄像机现在不断向上牵引。你变得越来越小，在某一点之上再也看不到自己，只看到地球，然后是火星，然后是太阳系，然后是银河系。如果你现在看到了银河系，那么你只看到了 1 万亿个已知星系中的一个。你现在如何看待你的决策？无论决策看起来有多么重要，无论潜在的负面后果有多么大，你也一定要选择正确的视角看待你的决策。你其实并不是一个人在战斗。今天全世界有成千上万的人都面临着和你一样的决策。

再想象一下银河系。也许你的决策现在看起来不那么重要了。也许风险没有想象的那么大了。即使这个练习对你没有帮助，也要记住你可以再次改变你的决策。你的恐惧通常是没有根据的。

好了，现在开始吧！

"我们真的能离开一个不断增长的市场吗？员工会有什么想法呢？"保罗本来确信退出波兰市场是一个正确的决策。但这是一个重大的决策。保罗决定使用"10-10-10"法。

10分钟后这个决策将产生什么影响？保罗会感到十分轻松，但他仍需要通知员工和投资者。他们会有什么样的反应呢？

10个月后事实表明，退出波兰市场是一个成功的决策。受影响的员工最初对这一决策并不满意。然而，他们每个人都在德国找到了令人兴奋的新工作，他们的工作积极性明显提高。投资者也对企业未来在德国蓬勃发展的业务感到十分满意，并很高兴公司摆脱了来自波兰市场的亏损。

10年后，公司里没人再会想起当初的这个决策。公司在德国市场迅速成长，销售额成倍增长，利润也增加了。德国市场足以让公司取得成功。

这个结果让保罗感觉良好。离开波兰市场是一个正确的决策，他对此充满信心，现在他可以下决心了。

要点 | POINTS

怎样才能不过分考虑决策的负面结果?

- 心平气和地思考一下决策的影响。

- 问问自己:"五年后这个决策可能会造成什么样的后果?"

- 尝试思考决策带来的积极影响，不要总是想着负面影响。

为了不过分考虑决策的负面结果，你可以问问你自己:

- 决策会产生哪些积极影响?

- 如何改变决策可能带来的负面影响?

- 目前天文学家已知的星系有多少个?

七、设定决策的截止时间

"如果你不愿意犯错，你就不可能做出决策。"

——沃伦·巴菲特（Warren Buffett），著名投资人

我们距离成功仅一步之遥。可是，这最后一步看似容易，实际上对许多人来说却异常困难。我们在潜意识当中已经为自己和他人做出了决策，现在到了必须付诸实践的时候。我们必须信守承诺，立即行动。

然而，有一种现象往往在最后时刻阻碍我们做出决策。我们思考得太多，总是疑虑重重，犹豫不决。我们总是担心是否已经考虑得面面俱到，害怕短期内是否会发生什么变化。

如果我们在做决策之前思虑过多，头脑中就会产生新的选项，我们的大脑会因为信息过多而超载。为了激活潜意识的思维过程，你已经对这个决策思考了很久，

而且和其他人讨论过，甚至为此还睡了一觉。现在引入新的信息和选项将很有可能阻碍你做出正确的决策。

巴里·施瓦茨（Barry Schwarz）在《选择的悖论》（*The Paradox of Choice*）一书中描述了这一悖论现象。事实表明，我们面临的选择越多，越无助于我们做决策。相反，如果我们做决策时没有太多选择，我们关于决策的担忧就会大幅度减少，从而能够更容易做出决策。

哥伦比亚大学教授希娜·艾扬格（Sheena Iyengar）和斯坦福大学教授马克·莱珀（Mark Lepper）共同主持的一项研究反映了该现象对人类购物行为的影响。他们在超市做了一次实验，试图发现果酱品种的数量对顾客的购物行为有何影响。为此，他们在许多超市设立了威尔金父子果酱公司的摊位。第一个摊位出售 24 种不同的果酱，第二个摊位只有 6 种果酱。第一个摊位上令人眼花缭乱的果酱品种吸引了大量的顾客驻足品尝。然而，当涉及购买行为时，情况却大不相同。在第一个摊位上，也就是果酱品种多的摊位上，只有 3% 的顾客购买了果酱；而在第二个只有 6 个品种的摊位上，有 30% 的顾客购买了果酱。因此，当我们面临的选项数量不多的时候，我们往往更愿意做出决策。原因很简单：我们倾向于优化我们的决策。我们时常因为做决策而感到极大的压力，因此，很多人宁愿不做决策，或者正如我们在上一章看到的那样，决定维持现状。

如果我们想做出好的决策，我们的目标不应该是做出"完美"的决策。我们无法预测未来，我们无法为所有的可能性做好准备，并将其纳入我们的决策过程。我们只能根据当时掌握的信息做出决策，并在这个时间点做出最好的选择。如果我们一直在等待，认为始终会有新的信息可以帮助我们，我们就会陷入恶性循环当中，永远无法做出决策。

诺贝尔经济学奖获得者赫伯特·西蒙（Herbert Simon）向我们证明了一个事实，即力争做出看似"完美"的决策往往无法实现目标。他将决策者分为两种类型：一类是完美主义者，他们希望优化决策，仔细分析所有的因素，只有当他们确定已经考虑到了所有的可能性时，才会做出对他们来说是"最优的"的决策。另一类是随遇而安者，他们很容易满足，不会考虑所有的可能性。相反，他们只是分析问题，找到一个适合他们愿望和偏好的结果，然后立刻做出决策。这并不意味着这些随遇而安者做出的决策非常糟糕或者他们对自己的决策要求不高。恰恰相反，他们很可能对自己的决策有很高的标准。与完美主义者最大的不同是，随遇而安者一旦找到令他们满意的选项，就不再怀疑自己的决定。完美主义者总是想继续寻找，看看是否还有其他更好的选择。最终，这导致完美主义者拖延很久才做出决策，而且通常对自己的决策感到不满意。

如果你的新工作在一个你特别喜欢的城市，而且同事都很友善，收入也很丰厚，并且有很好的晋升机会，那么你应该立即选择这份工作，不要继续等待更加完美的条件。可是完美主义者会继续观望。他们还会考虑，认为将来还有更体面的工作，公司也许会给自己配车，公司所在城市也更加漂亮。完美主义者不会立刻做出决策，并给自己留出选择的余地，因为他们还在寻找可能出现的更好的条件。

如果你的条件已经得到了满足，而且对自己的决定表示满意，那么你就可以下决心做出决策，而不要将决策束之高阁。要让自己多一些平常心。

然而，我们的做法经常相反。我们喜欢推迟做决策，认为一切皆有可能。如果我们按照这个原则生活，明天永远不会到来。因为我们会在每个新的一天把事情推到第二天。如果我们对自己的决策想得太多，并试图将其优化到完美的程度，我们只能错失良机。

我们一定要避免这种犹豫不决、思前想后的做法，尽快采取行动。通常情况下，我们已经找到了符合自己标准的选项。我们只需要立刻做出决策，而不是继续寻找看似完美，但实际并不存在的解决方案。

你可以利用两种有效的方法帮助你迅速做出决策。方法一，为决策设定一个截止日期；方法二，制作一份简短的审核清单，确保你在决策过程中已经考虑了所有重要事项。然后，你就可以开始做决策了。

你设定的截止时间是？

　　一旦给决策设定一个截止时间，我们就可以在一定程度上约束自己的决策进度，以防为推迟决策再次寻找借口。我们要做的就是告诉自己：星期五下午 1 点之前我必须做出决策。请把截止日期写下来或者标记在日历上，这样会更加有效。手机自带的提醒功能也可以帮助你遵守决策截止时间。这个方法乍一看可能没有效果，因为我们自己完全可以无视截止时间，毕竟这个时间是我们给自己制定的。然而研究表明，设定截止时间能够有效控制我们的行为。阿莫斯·特沃斯基（Amos Tversky）和埃尔加·沙菲尔（Elgar Schafir）在一项实验中已经证明了这一点。在他们的实验中，参与的大学生们有机会挣到 5 美元。他们要做的就是完成一份简短的问卷调查。这些学生被分为两组。科学家们为第一组学生设定了截止时间。这些学生被告知，他们只有 5 天的时间完成问卷调查。另一组学生可以随时提交问卷调查。实验结果明确表明，设定截止时间能带来极好的效果。

第一组中有 66% 的学生完成了问卷调查，而第二组只有 25% 的学生做到了这一点。

截止时间会给我们带来压力，它规定我们在某个时间必须做出决策，事实上，我们的确也能做出决策。对于时间要求，我们的反应通常都是非常精确的。这种现象被称为帕金森定律。该定律描述了一种现象，即我们完成一件任务实际花费的时间和我们认为完成这件事所需要的时间是一致的。如果你规定自己 15 分钟必须完成一项工作，那么你完成这项工作通常需要 15 分钟。如果你给自己设定 1 个小时，那么你就需要 1 个小时。如果你为自己的决策设定了一个截止时间，那么这个期限会让你更容易按时做出决策。

如果你希望自己的工作更加有效，可以使用一个简单的技巧：把自己决策的截止时间公之于众。这意味着你不再只对自己的承诺负责，也对知情人负责。你可以和朋友、同事谈谈你的截止时间。这样你就会自觉地避免推迟决策。因为你宁愿做出决策，也不愿意在朋友和亲戚面前因为食言而丢脸。一定的社会压力有助于你做出成功的决策。

你已经给自己设定了截止时间？那太好了！现在只差最后一步了，完成这一步，你的决策过程将是一片坦途。

检查一下自己是否已经考虑过所有重要的事项

在做重要决策时，我们可以稍作停顿。这一点非常重要。你可以抓紧时间确认一下是否已经考虑到了所有的问题，是否已经分析了最重要的内容。为了节省时间和精力，不再犯错，你可以使用一个简单的方法。你可能已经猜到了，制作一份简短的审核清单。审核清单能让我们关注最重要的几个点，同时也让我们做事更有把握。我们可以在脑子里或在纸上"勾选"出每个要点，在确认已经考虑了所有要素的情况下，踏踏实实地做出决策。

航空业也有这样的审核清单。驾驶员和副驾驶员必须严格遵循审核清单中罗列的内容，包括起飞前对飞机的外部检查，以及飞行前、飞行中和飞行后的一系列检查。这些检查在每次执行飞行任务时都必须完成。这些检查工作是必须执行的规定。这是为了防止检查工作流于形式，或者飞行员在紧张的情况下遗忘一些重要环节。此外，审核清单有助于确保重要任务不会被重复执行。类似的审核清单也适用于施工机械或其他重型设备的操作。这些设备的操作程序也很复杂，微小的错误可能会产生灾难性的后果。

我们在做重要决策时的情况与此类似。我们必须确保已经考虑过所有重要的事项。企业战略决策中经常使用到审核清单。商业实践中最重要和最常用的审核清单包括三个主要内容。

清单的第一部分要审核决策者是否充分考虑了他人意见，是否受到自己情绪的干扰。在公司决策中，建议草案通常不是由决策者自己拟定，而是由员工或项目团队准备，因此审核清单的第二部分侧重于团队的分析工作。例如，他们是否按照工作流程工作？他们的提案是否足够客观？审核清单的第三部分，也是最后一部分主要关注提案本身。例如，提案是否有其他可替代方案？

可能会带来什么样的后果？如果这三个方面都已经考虑完毕，并在审核清单中注明，那么我们现在就可以做出决策了。企业决策过程中还会用到其他各类决策清单，其目的主要是让决策者聚焦可能出现问题的领域，提高战略决策的质量。

在商业实践中使用审核清单不仅可以提高决策的质量，还可以减少思维错误的影响。最近发表在《哈佛商业评论》上的一项研究表明，在重要商业决策过程中坚持使用审核清单，平均可节省10个小时的决策讨论时间。此外，利用审核清单，决策时间可以减少10天。这项研究还表明，审核清单显著提高了决策质量，决策效率也提高了约20%。因此，正如给决策工作设定截止时间一样，使用审核清单可以避免不必要的拖延，把决策者的注意力集中于最重要的方面。

如果你的决策不像收购一家公司或将产品国际化那么复杂，那么一份简要的审核清单对你来说就足够了。清单的内容来自本书中介绍的几个重要方法，它能够帮助你检查你是否在匆忙中忽略了某些重要的分析过程和思考过程。要完成审核清单上的任务，你必须问自己三个问题：

1. 我在决策时是否考虑了不同的观点？

2. 我是否权衡了决策带来的积极和消极影响？

3. 我在决策前是否睡了一觉？

如果对这三个问题的回答都是肯定的，那么你就成功地完成了这份清单上的任务。你把所有重要的工作都做完了吗？如果都做完了，那么你的决策过程就不会有任何干扰了。

好了，开始做决策吧！

保罗把他的决策推迟了一天。但现在他已经清楚，自己将做出正确的决策。他已经决定将企业撤出波兰市场，全力以赴投身于德国市场。这是艰难的一步，肯定会遇到很多批评，并影响到很多员工的个人前途。但保罗对此坚信不疑。与在其他欧洲国家市场不断尝试相比，德国市场的长期增长对公司和所有员工都更有利。他听了许多专家的批评意见，权衡了各种影响，好好睡了一觉。检查，检查，再检查。现在终于可以做出决策了。他可以把决策结果传达给所有员工和投资者了。

要点 | POINTS

决策步骤：

- 给自己设定决策截止时间。

- 把截止时间告诉三个朋友。

- 按照审核清单逐项检查，然后做出决策。

决策时需要问自己的问题：

- 我在决策时考虑到不同意见了吗？

- 我是否权衡了决策可能带来的正面和负面影响？

- 我是否好好睡了一觉？

第四章

保持正念

"如果你给我六个小时去砍树，我会用前四个小时磨斧头。"

——亚伯拉罕·林肯（Abraham Lincoln）

作为一名企业家，保罗的一天开始得很早，结束得很晚。他经常要同时处理很多事情。在一场关于企业国际化的会议上，他的脑子里已经在考虑下一场会议的论证思路，以及下午要向新来的求职者提什么问题。他有点儿心不在焉。当他的同事向他征求意见时，他要先回到当前的会议中。幸运的是，他现在不用做任何决策。

这样的情景你熟悉吗？在一些重要的决策时刻，我们经常无法集中精力，思想总是开小差。这毫不奇怪，在我们繁忙的日常生活中，有许多任务和挑战在抢夺我们的注意力：无论是同事给你发来的信息，还是你得去幼儿园接孩子，或是你急需为下周六的晚餐预订餐桌。在做重要决策的时候，我们必须全神贯注，这样才能正确评估相关信息。这种对当前情况的关注被称为正念。

你可能听说过正念这个概念，觉得这个概念与灵性、神秘主义、心灵辅导书籍或佛教有关。诚然，正念这个概念起源于佛教。该方法源于 2500 年前，被认为是人类获得智慧的重要方法之一。然而，今天的心理学和神经学也已经意识到正念的存在。大量的科学研究已经证明，正念对于集中注意力和减少心理压力具有积极作用。

你可以像训练肌肉一样训练你的正念。这可以通过各种小练习来实现，你可以快速而轻松地将这些小练习融入你的日常生活当中。严格来说，这不是一种你在具体决策情况下可以迅速使用的方法，而是一种在较长时间内积累的能力，你可以在做决策时有效地运用这种能力。因此，正念不是一个噱头，而是在做重要决策时集中注意力的有效方法。

我们为什么需要更多的正念?

你在工作中每小时收到大约 4 封电子邮件，WhatsApp[1]上平均每天有 8 条新信息等着你处理，另外还得查看一下脸书上有什么新鲜事，而此时电话铃又响了。一些企业已经用聊天工具 Slack 取代了电子邮件，你的手机和笔记本电脑上又多了一个需要关注的应用软件。简而言之，当今的世界在不断分散我们的注意力。然而，我们不仅只在具体的决策过程中分心，我们每天都在不间断地分散自己的注意力，同时完成多个任务，这样做甚至改变了我们的大脑结构，从而对我们的决策能力产生了长期的影响。

英国苏塞克斯大学的两位科学家罗及基（Kep Kee Loh）和金井良太（Ryota Kanai）在一项实验中为 75 名参与者做了核磁共振成像，结果显示，经常同时处理多项任务的人负责控制情绪的大脑区域的灰质明显减少。因

---

[1] WhatsApp 是一款海外通信软件，可以免费给家人、朋友发送和接收信息、图片、音频文件和视频。——译者注

此，同时处理多项任务会导致我们很快分散注意力，并产生情绪化的反应，因此我们无法继续集中精力处理问题或做出决策。

这些结果并不是孤立的现象。最新的神经科学研究表明，长期使用互联网和经常利用手机进行多任务处理将导致我们只能肤浅地感知信息，令我们无法集中注意力，我们的思维过程也受到了影响。

斯坦福大学的一项研究也证实了这点。他们的研究结果表明，在日常生活中经常同时处理多项任务并同时使用不同媒体的人（例如一边看电视一边用手机阅读电子邮件），其决策能力明显较差。这些人更容易被周围不重要的信息分散注意力，并根据这些不重要的信息形成自己的观点。令研究人员特别惊讶的是，这一组实验参与者在不同任务之间的切换能力也明显较差。按理来说，他们在同时处理多项任务方面具有丰富的经验，本应能更好实现不同任务的自由切换，但实际情况恰恰相反。

我们必须减少同时处理多项任务的情况和对社交媒体的依赖。这并不是一件容易的事。事实上，社交网络对我们的大脑有类似于麻醉品的影响，两者同样具有成瘾的可能性。芝加哥大学的一项研究表明，摆脱对社交网络的依赖就像戒烟、戒酒一样困难。

事实上，过度使用社交媒体和利用智能手机同时处理多项任务会严重损害我们的决策能力。集中精力是所有决策过程中的关键因素。因此，为了保持或提高这个能力，我们必须训练我们的思维过程。这对提高我们的正念将很有帮助。

正念训练是大脑中的体育项目

据统计，33% 的德国人业余时间经常锻炼身体，我们每个人都知道运动可以提高自己的身体机能，可是几乎没有人会锻炼自己的大脑。其实就像肌肉可以通过运动得到锻炼一样，大脑也可以通过练习得到锻炼。这绝不只是一种象征性的说法。事实上，有研究已经表明，通过正念训练，人们可以改变自己的大脑结构，使负责专注力和决策的大脑前部区域更有活力。

哈佛大学医学院的一项实验对这一现象进行了深入的研究，其结果令人惊讶不已。实验显示，仅仅 8 周的正念训练就能增强大脑中不同区域的结构，而其他区域则会缩小。大脑的前部区域，即所谓的前额叶皮质，可以通过正念训练得到加强。这一区域主要负责集中专注力和谨慎思考的能力。此外，该研究还表明，正念训练可以使我们更好地控制自己的情绪，并认真对待不同意见。另一方面，正念训练可以减少我们工作和生活中的焦虑和压力。所有这些效果都能对人们提高决策能力产生积极影响。

许多来自企业界、社会和政治领域的领袖人物已经开始进行正念训练。作家和风险资本投资者蒂姆·费里斯（Tim Ferris）在其著作《巨人的工具》（*Tools of Titans*）一书中采访了 200 多位来自商界、政府和学术界的成功人士，包括演员和美国加利福尼亚州前州长阿诺德·施瓦辛格（Arnold Schwarzenegger）、投资者马克·安德森（Marc Andreessen）、贝宝（PayPal）和领英（LinkedIn）创始人里德·霍夫曼（Reid Hoffman）以及作家保罗·科埃略（Paulo Coelho）。他们的工作和生活策略就像受访者本人的经历一样丰富多彩。然而，在这200多名受访者中，80%的人有一个共同的习惯：他们都将正念练习融入他们的日常生活中，以提高自己的专注力、工作效率和决策能力。

现在的问题是，我们怎样才能从正念训练中获益？我们如何将正念训练轻松有效地融入自己的日常生活？

关注眼前这一刻

正念训练的方法多种多样。然而这些方法都有一个共同的目标，那就是把自己的注意力引向一个点，例如，把注意力引向自己的呼吸。通常情况下，各种杂乱的念头很快就会进入你的大脑。现在你必须感知和识别这些信息，然后你会意识到你的注意力不再集中于自己的呼吸，而是集中于各种乱七八糟的想法。一旦意识到这一点，你就应该平静地把注意力引回到呼吸上。这就是正念训练的整个过程。听起来非常简单，但任何做过这个练习的人都会很快意识到，自己的头脑中有多少杂乱的念头在嗡嗡作响，它们迅速地分散了我们的注意力。意识到自己无法集中注意力，并尝试把注意力再次集中到自己的呼吸上是一件非常困难的事。这个练习并不要求我们做到十全十美。相反，这个练习是一个持续不断的过程，通过逐步积累才能得到改善。

正念训练不需要任何培训。你可以找一个安静的地方，保证十分钟内不会被打扰，然后闭上眼睛，专注于呼吸。此时重要的不是控制呼吸，而是感知呼吸。你一旦注意到自己没有专注于呼吸，就要立刻把注意力拉回来。有时数一数呼吸的次数也很有效果，吸气时数一，呼气时数二，如此反复，一直到十，然后重新开始计数。

正念训练不一定非要十分钟。你可以随时停下手中的工作，专注于几次呼吸或者有意识地放松你的面部肌肉。

日常生活中提高专注力最简单的练习是一种呼吸练习，它是由美国海军海豹突击队队员马克·迪瓦恩（Mark Divine）发明的。这个练习包括四个步骤：

1. 吸气四秒。

2. 屏住呼吸四秒钟。

3. 呼气四秒。

4. 等待四秒钟，然后从第一步重新开始。

你可以重复这个过程两分钟，最好每天把这个练习做三次：早上刚起床时做一次，午休时做一次，晚上临睡前做一次。

在日常生活中训练正念

将正念练习融入日常生活中并不难，但人们平时太忙而常常忘记做这些练习，尽管大家每天都不缺少这十分钟时间。

为了战胜内心的懒惰，你应该把正念训练当成一种习惯。养成新的习惯并不容易，但只要掌握一些技巧就能迅速实现。有两件事非常重要：第一，你应该找到一种方法去刺激新习惯的形成，例如在日历上做记录，利用手机的提醒功能，或者是在冰箱门上或咖啡机上贴上一张提醒便签，以便你在准备早餐时随时可以看到。这些方法可以时时提醒你可以开始正念训练了。第二，你必须给自己奖励。如果你连续一周坚持每天十分钟做正念训练，你可以用一点儿好东西来犒劳自己。

还有一个小窍门能让你成功地把正念练习融入你的日常生活，那就是让朋友参与你的计划。这种方式可以让你不由自主地产生一种真正改变自己生活习惯的动力。你的朋友也有机会帮助你完成你的计划。

要点 ｜ POINTS

积累正念的步骤：

● 每天早餐前抽出十分钟时间，在一天开始之前安静地进行正念训练。

● 在手机上设置一个每日进行正念练习的提醒。

关于正念训练你可以问自己：

● 我现在的呼吸是深还是浅？

● 在吸气的时候，气流是进入腹部还是胸部？

● 我的脚在地板上有何感觉？

第五章

日常生活中的好决策

"开始行动吧！"

——加尔文·哈里斯（Calvin Harris）

音乐制作人

宣布撤出波兰市场的决策已经过去了好几周，尽管保罗有种种顾虑，但这个决策还是得到了员工和投资者的一致好评。企业里的日常工作又悄然而至。保罗再一次面临许多新的决策。例如，公司在德国应该如何发展？产品线是否应该扩大？公司是否需要一个新的广告代言人？怎样才能将曾经行之有效的方法用于企业中常见的决策？这些方法如何能变成思维过程中一个自然而然的组成部分？

　　我们在前文中了解了决策的七个步骤。借助这些步骤，你可以运用几个简单快捷的方法做出决策。

　　现在你已经了解了这些方法。为了让这些方法有助于你的日常生活和工作，你必须主动运用这些方法，而且最好能经常使用。因此，在本书最后一章中，我想给你提供一些方法，告诉你如何将这七个步骤牢记于胸，并且在较长的时间内使用这些方法，把它们融入你的日常生活。本章中，我还将向你介绍一些训练方法，你可以用这些训练方法来训练你的决断力。

在进行练习之前，我想回顾一个非常重要的问题：我们应该如何评估我们的决策？

我们只能在做出决策后才能评估决策质量。但事后评估的问题在于，我们无法影响与决策相关的许多因素，我们不应将这些巧合纳入决策评估。我认为这是非常重要的一点。因为正如我们在前几章中所看到的，我们经常发现做决策是一件非常困难的事，因为我们害怕做出错误的决策。但是，如果我们记住判断决策的几个简单规则，做决策对我们来说会更加容易。

记住，决策质量必须在做决策的时候进行评估，而非事后。

如果你牢记这个规则，做决策就会更加容易。你最好把这个规则写下来，贴在冰箱上。这样你每天早上都会看到它，直到你把它记住为止。这条规则也有助于你正确地评估他人的决策，而不是事后说风凉话。评估一定要出现在决策的那一刻；如果我们不这样做，就对自己和他人都没有意义。

三年后，保罗的公司发展得很好，销售额翻了一番。他为公司打下了坚实的经济基础。他不像以前那样依赖投资者，而是可以从公司的利润中为企业发展提供资金。保罗知道这些结果不能用来评估他当时的决定。三年前，他在做出决策时已经评估了这一点。从当时的评估结果看，那已经是一个好的决策。

尽管如此，公司良好的经营状况使保罗再次面临一个新的决策：我们现在是否应该进军国际市场？也许凭借更强大的品牌和更健康的财务状况，我们今天可以在波兰或法国取得成功？保罗现在已经非常熟悉做决策的那些重要方法。三年前，他就已经运用过这些方法，从那时到现在，他也曾多次将这些方法付诸实践。保罗迈出了第一步。他组织管理团队开会，讨论公司未来的发展战略和项目。

如何训练做决策?

通常情况下，即使我们真的知道该做什么，该运用什么方法，我们还是害怕做出决策，因为我们不想承担责任。我们可以通过一个简单的训练来解决这个问题。通过这项训练，我们在日常生活中可以做出非常难以做出的决策。

做决策其实是一种可以通过训练来掌握的能力，和掌握其他新技能（如学习弹钢琴或者长跑十公里）并无二致。我们应当一步步开始训练。假如我们以前从来没有跑过步，我们可以先慢跑。当我们觉得呼吸困难时，我们可以走一段路，然后再一次开始慢跑。随着时间的推移，我们的体质会越来越好。我们逐步锻炼自己的身体，渐渐地一次可以连续跑半小时。如果我们坚持不断地练习，我们很快就能跑更长时间。再过一段时间，我们就能连续跑十公里。这是我们刚开始训练时无法想象的事。该方法不仅适用于体育锻炼，也适用于学习那些有关心理或协调性的技能，如做决策或学习乐器。

成功的关键是训练。有两个因素特别重要，即保持勇气和不断练习。第一，我们需要勇气和信心，相信自己能够掌握新的能力，否则我们永远不会开始训练。第二，我们需要不断练习。

对学习过程的研究表明，人类可以通过训练和不断重复所学内容来确保实现可持续性学习（即在尽可能不损失知识的情况下学习）。因此，如果想训练自己的决策能力，我们必须反复练习本书中做决策的七个步骤。随着时间的推移，我们应当将这些方法内化，使之成为我们日常生活或决策方法的组成部分。

我们的大脑会不断地进化，以适应新的环境或新的挑战，我们大脑中的连接部分，即所谓的突触，会不断地重新排序。这是一个非常好的消息，因为这意味着，无论我们多大年纪，都可以学习新技能并开发自己的潜能。当我们学习一种新的能力时，大脑中就会形成新的突触。我们越频繁地重复和应用我们所学的知识，这些连接部分就越牢固。这可以帮助我们预防健忘症，把所学知识转化为新的习惯。我们的大脑和思维过程会因此发生变化，令我们可以对不同情况做出不同的反应。我们可以持续不断地调整我们的行为并提高我们的能力。

这给我们展示了一个美好的前景。因为这正应验了德国的一句谚语"练习出大师"。如果我们要掌握一门新的技能，重要的是练习，而不是天赋。这一原则也适用于掌握那些绝对顶尖的技能。为此我们需要更多的练习。

科罗拉多大学和马克斯·普朗克教育研究所的安德斯·埃里克森（Anders Ericsson）及其同事已经发现了这一现象。他们通过实验证明，最初认为源自天赋的技能通常是十年强化训练的结果。例如，国际象棋大师通常会经过十年的强化训练来掌握这项特殊技能。这一点同样也适用于那些世界顶级运动员或演讲者。马尔科姆·格拉德威尔（Malcom Gladwell）在他的《异类：不一样的成功启示录》（*Outliers :The Story of Success*）一书中准确描述了这一现象。格拉德威尔认为，通过 10000 小时的强化练习，你也可以掌握任何世界级的技能。无论是披头士乐队的队员还是比尔·盖茨，他们在取得成功之前都进行过强化训练，并在 10000 小时内使自己的技能日臻完善。

你不需要训练十年时间，就可以做出成功的决策。这个例子只是想告诉你，每个人都可以做出成功的决策。这种能力不是一种天赋，而是可以通过学习掌握的能力。你只需做一些小练习，并把七个步骤整合在一起，就可以逐渐提高你的决策能力。你今天就可以开始行动起来。

成功做决策的三个练习

为了练习做决策，并勇于承担责任，你可以先从几个简单的练习开始。

● **练习一**
改善日常决策

你可以从简单的日常决策开始练习。有时，即使在这些情境中，我们也不愿意做决策。例如：我们今天吃什么？我们去电影院看哪部电影？面对这些问题，我们的回答经常是"随便"。然而，你可以主动利用做这些小决策为日后做更复杂的决策做准备。

你可以在接下来十天内开始这方面的练习。在家庭或与朋友相处中，你可以承担一些日常决策的责任，并主动做出一些小决策。你要有自己的观点，然后提出建议，并充分说明理由。慢慢地你会发现，做这些小决策非常容易。这样你不仅锻炼了自己的勇气，还能够对小的日常决策承担责任。以此为基础，今后需要做的重要决策对你来说也就不再难做了。

● **练习二**
  分析最近的一次决策

如果你已经成功完成了第一个练习，我们就可以进行下一步了。现在，请你分析一下你曾经做出的一次决策。检查一下你是否已经运用了做决策的七个步骤。这个练习并不是为了发现你做错了什么。重要的是，你应当思考一下如何运用本书中介绍的方法。例如，你能请教谁？如何让批评者也参与到项目中来？你解决了真正的问题吗，还是只研究了表面现象？你现在觉得做决策容易吗？

你一定要抽出一些时间来回答这些问题。这样你才能确认，哪些方法在你未来做决策时特别重要，哪些方法你已经在做决策时使用过。通过这样的分析，你在今后的决策中就可以做到有的放矢。

● **练习三**
　拒绝拖延

这是第三个练习，也是最后一个练习。通过这个练习，你可以把做决策的七个步骤融入日常生活中。你需要重新进行一个你曾经有意识或无意识推迟或放弃的决策。请你思考一分钟，想一想进行哪一个决策更合适。

也许，你很快就明白我说的是哪个决策。也许是和同事争吵后，你觉得有必要和他进行一次谈话；也许是你曾经推迟的一次应聘面试，当时你不太肯定这份工作是否合适或者时机是否恰当。请你再次思考一下这些决策，无论是大是小。如果你面临多个决策，那么请从小的决策开始。你应当在决策时运用学过的方法。你会发现，一旦做出决策，你的内心会感觉非常轻松。这样，下一个重要的决策对你而言也就不在话下了。正所谓熟能生巧，在做决策时也是如此。

通过这些练习，你可以一步一步地将更好的决策过程融入日常生活中。重要的是，你必须在较长的一段时间内运用这些方法。只有这样，你才能长时间地将它们融入你的决策过程。只有当你决心改变这些过程，你才能成功。然而，仅仅了解这些方法是远远不够的。我们必须主动运用和重复这些方法，直到新的突触在我们的大脑中形成，并使这些方法成为我们思维过程的一部分。

我们的生活是由我们每天所做的事情组成的。因此，如果我们想改变我们的决策过程，我们必须改变我们日常生活中的一些习惯。这些改变不一定是大的改变，但始终会有一些我们不容易做出的改变。本书所介绍的这些练习将帮助你做到这一点，它们能使你在日常生活中做出改变，并运用这七个步骤。每一个改变都是从第一步开始的。

通向成功决策的七个步骤

接下来的十天尤其重要。如果你已经决定使用本书介绍的这些方法，那么请你首先从上文提到的三个练习开始。让自己迎接这些挑战，在接下来的几天里抽出一些时间做这些练习。

你也可以将本书当作工具书使用。当你下一次做重要决策的时候，可以拿出本书重新读一遍，并且系统地按照每个步骤完成决策。

无论你是想将本书中的方法应用于较小的决策，还是用于下一个重要决策，你只需运用本书介绍的决策过程，便能提高你的思维和决策能力。即使是最难以做出的决策也会变得容易，相信你能够做出更好的决策。

请相信自己，开始行动吧！